НЕ *від* ЦЬОГО СВІТУ

Щоденник таємної кімнати

АНДРІЙ ШАПОВАЛ

Зміст

Вступ

Одного разу, після моєї проповіді, хтось написав у коментарях: «Я ставлю перед собою мету наступного року стати ближче до Бога». «Не вийде...» подумав я. Хоча саме бажання дуже хороше і правильне, але якщо мета буде абстрактною, вам її не досягти. До того ж, як ви зможете наприкінці року визначити, чи стали ви ближче до Бога чи ні?

Тому я пропоную інший підхід: визначте для себе конкретні дії та кроки. Наприклад: «Я приймаю рішення кожного ранку вставати на півгодини раніше, ніж зазвичай, щоб проводити час з Богом, і вірю, що завдяки цьому стану ближче до Нього до кінця року».

Ставте собі конкретні завдання. Прийміть рішення щодня перебувати в Слові та молитві хоча б півгодини. Плануйте відокремлювати один день на місяць для усамітнення з Богом, а також почніть постити щомісяця. Внесіть це у свій розклад, – і тоді наприкінці року ви побачите, що ваше духовне зростання стало очевидним, ваша близькість з Господом зросла, і ви стали краще чути Його голос та розуміти Його слова.

У цьому щоденнику таємної кімнати я проведу вас крок за кроком, показуючи, як застосовувати на практиці ті істини, якими я ділюся в книзі «Не від цього світу». Я хочу, щоб ви запалились бажанням близькості з Богом, щоб ви пережили насолоду відносин із Ним, розвинули практику зупинятися і слухати Бога та ніколи не припиняли зростати в Ньому. В наступному розділі ви знайдете послання на кожен день, вірші з Писання для запам'ятовування, запитання для роздумів, поради та практичні завдання. Я поведу вас глибше – у Божу присутність, у розуміння Його голосу і Його панування.

Я прошу вас щодня відокремлювати час і місце, щоб побути в тиші з Богом і почути, що Він скаже всередині вас. Прислухайтеся до того, що говоритиме вам Дух Святий, і обов'язково записуйте це.

Не пропускайте цю частину книги. Тренуйтеся слухати Божий голос, записуйте й замальовуйте те, що почуєте та побачите. Короткі записи дуже цінні. Використовуйте щоденник для фіксації того, що Бог говоритиме особисто вам. І найголовніше – насолоджуйтеся Його присутністю і дозвольте Йому насолоджуватися вашою присутністю!

Якщо ви пропустили один день, не потрібно наступного дня проходити два розділи. Не намагайтеся прочитати весь посібник за один раз – суть не в тому, щоб отримати інформацію, а в тому, щоб виробити постійність у стосунках з Богом, навчитися щодня перебувати в Божому Слові й зростати в Ньому.

Виробляйте звичку зупинятися і бути з Богом. Виявіть постійність – і незабаром ви побачите, наскільки загостриться ваша здатність чути Божий голос і наскільки посилиться ваша чутливість до Його присутності та водійства Духа Святого.

Бог чекає на вас у таємній кімнаті! Ви готові?

Тоді приступаємо.

День 1

Під покровом Всевишнього

Псалом 90 (91)

¹ Хто живе під покровом Всевишнього, той перебуватиме у тіні Всемогутнього,

² і говорить Господеві: Ти мій притулок, моя твердиня, мій Бог, на Якого покладаю надію.

³ Він убереже тебе від розставленої пастки і від згубної пошесті.

⁴ Своїм оперенням Він закриє тебе, тому під Його крилами ти будеш у безпеці. Його істина – твій щит і зброя.

⁵ Ти не злякаєшся нічного страхіття, ні стріли, що пролітатиме вдень,

⁶ ані чуми, що підкрадається в темряві, ні моровиці, що сіє смерть опівдні.

⁷ Хоча б тисячі біля тебе падали, і навіть десятки тисяч – праворуч від тебе, однак тебе не зачепить.

⁸ Ти лише будеш дивитися своїми очима, споглядаючи відплату нечестивим.

⁹ Адже ти сказав: Господь – мій притулок. Всевишнього зробив ти своєю фортецею.

¹⁰ Тому тебе не спіткає жодне лихо, і нещастя не наблизиться до твого житла.

¹¹ Адже Своїм ангелам Він накаже про тебе, аби берегли тебе на всіх твоїх дорогах.

¹² Вони на руках понесуть тебе, щоб ти не спіткнувся об камінь своєю ногою.

¹³ Наступиш на лева й змію, – топтатимеш молодого левчука й гадюку!

¹⁴ Він Мене полюбив, – каже Господь, – і Я його врятую. Прославлю його, бо він сповідує Моє Ім'я.

¹⁵ Покличе він до Мене – і Я дам йому відповідь; Я буду з ним у нещасті, визволю і прославлю його.

¹⁶ Я насичу його довгим віком і явлю йому Своє спасіння!

ЯКОСЬ НА КІЛЬКА ДНІВ Я зняв будиночок у лісі, щоб подалі від суєти молитися і перебувати з Богом. Цей будиночок був у безлюдному місці біля річки – я хотів, щоб мене ніщо не відволікало. Приїхавши туди, я одразу ж, із гітарою та Біблією в руках, пішов до річки поклонятися Богу і читати Слово. Свіже повітря. Навколо ні душі. Краса! Через кілька годин почало сутеніти, я розпалив багаття і продовжив поклонятися Богові. Незабаром до мене долинули дивні звуки: щось запищало, завили шакали, пролунав скрип, ніби іржавих гойдалок... Я насторожився, адже був один біля річки, посеред незнайомого лісу... Якоїсь миті я здався: «Та ну її, цю природу! Треба швидше повертатися до будинку – краще я там почитаю Біблію...»

Я загасив багаття – і стало ще темніше. Я пішов до хати. Лісові звуки посилилися. Навколо піднявся якийсь жах – прямо як у фільмах жахів. Я прискорив крок. Ще! Ще! Потім просто побіг. Швидко-швидко – обійнявши гітару. Миттю я відчинив ключем двері і влетів у будинок. Серце калатало, я захекався. Взяв Біблію, спробував читати, але не міг зосередитися, бо з лісу продовжували доноситися дикі крики, шарудіння та тріск. Уся моя увага була спрямована на те, що відбувалося за стінами мого лісового будиночка.

Яка досада! Я приїхав сюди, щоб відокремити себе для Бога, але страх настільки опанував мене, що заважав зосередитися на Богові. Я весь час прислухався до того, що відбувалося за вікном, і з кожним звуком страх посилювався і врешті заволодів моїми думками. Усвідомивши, що я більше борюся зі страхом, ніж проводжу час із Богом, я вирішив: «Піду спати... все одно користі мало... я не можу навіть читати Біблію!» Але всю ніч я крутився і не міг заснути, продовжуючи чути весь цей лісовий жах і звірячі крики. Під ранок я задрімав із думкою: «Усамітнення в лісі – не моє! Як тільки настане день, поїду якнайшвидше, і ноги моєї тут більше не буде! Я не хочу залишатися тут, тому що не зможу зосередитися на Богові. Навіщо мені таке усамітнення?»

Коли вранці я прокинувся, навкруги було так «класно»: сонце сяє, пташечки співають, річка блищить. «Ну, – думаю, – крута атмосфера! Піду до річки, трохи поспіваю і почитаю, а як стемніє – гайда додому!» Взяв гітару і зібрався виходити... А де ж ключ від дому? Почав згадувати: я ж учора прийшов, замкнув двері... *Куди ж я його зі страху кинув?*

Став шукати ключа і згадувати кожен свій крок – мені справді було моторошно минулої ночі. «Господи, визволи мене від цього страху, я не хочу так переживати!» *Та де ж ключ?* Я ніде не міг його знайти. Ну і не треба! Вирішив йти без нього. Вийшов на вулицю, а мій ключ стирчить у дверях зовні. Виходить, я так біг, що зі страху навіть не зрозумів, що залишив там ключа... Він усю ніч стирчав у дверях. Уявляєте?!

Коли я це побачив, я так почав сміятися... і в той момент Бог заговорив зі мною. І мене так «накрило», що я одночасно і сміявся, і плакав, і слухав Бога. *«Синку, ти зрозумій, що Я тебе зберігаю. Якби хтось захотів заподіяти тобі зло, то ти їм ще й допоміг – ворогам своїм ключа залишив. Ти розумієш, що Я тобі показую? Це Я тебе бережу, а не твій ключ. Навіть якщо ти забудешся ключа ззовні, ніхто не наблизиться до тебе, бо Я відділив тебе для Себе. Це Я тебе бережу. Я зробив так, щоб ти побачив, що перебуваєш під покровом Всевишнього, тож заспокойся!»* І Він почав показувати мені, що Він – Господь мого життя і завжди зберігає мене.

На той момент я по-новому побачив Псалом 90, який розкриває силу заповіту, в якому ми зростаємо. Псалом 90 – це модель панування Бога:

> *Хто живе під покровом Всевишнього, той перебуватиме у тіні Всемогутнього,*
>
> *і говорить **Господеві:** «Ти мій притулок, моя твердиня, мій Бог, на Якого покладаю надію».*

Хто живе – це той, хто перебуває під Його повним заступництвом. Ти не заходиш під Його покров як у гості, час від часу, коли дуже потрібно, по неділях чи на свята – ні, ти живеш під Його пануванням, Його владою, у Його Царстві.

Думаєте, я поїхав? Ні, я залишився. Я вірю, що в той момент, коли мене у дверях накрила Божа присутність, так що я і сміявся, і плакав – я справді отримав звільнення від страху!

Коли прийшла наступна ніч у лісі, я в домі читав Біблію. Мені не було страшно – мені було смішно! Навколо мене все лаяло, вило, тріщало, скрипіло, а я відчував Божу присутність – я перебував під покровом Всевишнього, у тіні Всемогутнього. Я більше не боявся цих нічних страхіть. Виходить, що перша ніч була для мене страшним часом, а друга – славним часом.

В той момент у лісі я побачив пророчий прообраз: те майбутнє, в яке ми входимо зараз як церква, для одних буде страшним часом, а для інших – славним! Усе визначає те, під яким пануванням ти перебуваєш. Якщо ти під Його пануванням, то найважче, що тобі доведеться робити, – це дивитися «у вікно» і спостерігати, що відбувається у видимому світі. Але ти будеш у домі, збудованому на іншій основі – у домі Батька. Ти будеш спочивати під Його покровом не тому, що ти це заслужив, а тому що ти сказав: «*Господь – мій притулок. Всевишнього зробив ти своєю фортецею. Тому тебе не спіткає жодне лихо, і нещастя не наблизиться до твого житла. Адже Своїм ангелам Він накаже про тебе, аби берегли тебе на всіх твоїх дорогах. Вони на руках понесуть тебе, щоб ти не спіткнувся об камінь своєю ногою...*» (Псалми 90(91):9–12).

Я хочу звернути вашу увагу на те, що 90-й Псалом ділиться на дві частини. Перша половина псалма говорить про те, що під Його пануванням ти захищений і забезпечений, а друга – про те, для чого ти захищений і забезпечений.

Під пануванням Бога ти захищений і забезпечений, тому твоя увага більше не зосереджена на страху чи потребах – твоя увага спрямована на виконання Божої волі. І для цього тобі дано владу наступати на ворожу силу. Під Його покровом ти не будеш просто сидіти – ти почнеш діяти: наступати на лева й змію, топтатимеш молодого левчука й гадюку (див.: Псалом 90(91):13).

Цікаво, що в останньому вірші Бог обіцяє: «Я насичу його довгим віком і явлю йому Своє спасіння!». Прекрасна обітниця, чи так? Подумайте: якби ваше майбутнє було важким і жахливим, у хворобах і злиднях, тоді довгий вік не був би для вас благословенням. Ось чому така важлива близькість з Богом і слухняність Його голосу – це приведе нас до пізнання Його панування, під покров Всевишнього. Нам потрібно зростати під пануванням Бога і жити у посвяченні Йому, щоб наша увага була зосереджена лише на виконанні Його волі. **Коли Він є Твоїм Господом, то Його увага спрямована на твої потреби, щоб твоя увага була спрямована на Його волю.**

Для роздумів:

Якщо у вашому житті є якийсь страх, можливо, ви не пізнали Божої істини щодо цієї сфери і не підкорили її Божому пануванню. Настав час розібратися з цим страхом. Запишіть, який саме страх утримує вас, і протистаньте йому: накажіть цьому страху забиратися геть із вашого життя та проголосіть над цією сферою Боже Слово і Божі обітниці.

____

____

____

____

____

____

Практика:

Наступні 15 хвилин проведіть у молитві мовами, а потім 15 хвилин просто очікуйте Господа в тиші та спокої. Я особисто роблю це так: завмираю в молитві. Спочатку я молюся духом, потім зупиняюся і починаю думати про Бога, про Його Слово, слухаючи при цьому, що Він говорить всередині мене, і просто перебуваю в тиші. Прислухайтеся до Його голосу, до того, що скаже Він всередині вашого духу.

____

____

____

____

____

____

____

____

____

____

____

День 2

Зупиніться і пізнайте!
Створіть умови для Божої присутності

Псалом 45 (46)

¹ Диригентові. Синів Корея. На мелодію "Дівиці". Пісня.

² Бог – наш Захист і Сила, надійна Допомога в стражданнях.

³ Тому ми не злякаємось, хоча б затряслась земля і гори рухнули в серце морів.

⁴ Від Його величі ревуть і бушують води, здригаються гори.

⁵ Відгалуження Його ріки веселять Боже місто, святу оселю Всевишнього.

⁶ Бог посеред нього, воно не зрушиться. На світанку Бог йому допоможе.

⁷ Збунтувалися народи, захиталися царства. Він подав Свій голос – і розтопилася земля.

⁸ З нами Господь сил, Бог Якова, наш Захист!

⁹ Ідіть і подивіться на діла Господні, – які дивовижні речі здійснив Він на землі!

¹⁰ Він припиняє війни в усіх краях землі, ламає луки, трощить списи і палить вогнем колісниці.

¹¹ Вгамуйтеся і пізнайте, що Я – Бог! Я буду звеличений між народами, буду прославлений на землі.

¹² З нами Господь сил, Бог Якова – наш Захист!

М ЕНЕ ЗАВЖДИ ЦІКАВИЛО, ЯК МИСЛИТЬ Бог, яким є Його оригінальний задум, якими Він бачив відносини з людиною споконвіку, на що нам потрібно звернути увагу, щоб мати близькі стосунки з Ним? Я годинами вивчав перші розділи Буття та інші уривки з Писання, щоб знайти відповіді на свої запитання та побачити Його початковий план. Отже, у книзі Буття 2:8 написано:

«І насадив Господь Бог сад на сході Едему, й оселив там людину, яку створив».

Слово «Едем»[1] на івриті передається п'ятьма знаками, кожен з яких має особливе значення: місце, момент, відчинені двері, присутність Бога та насолода. Іншими словами, Едем – це був не просто сад, це була атмосфера, де були відкриті небеса, місце, сповнене присутністю Бога, де людина переживала момент із Богом. Саме туди Бог помістив людину. Атмосфера є первинною. Початковий задум Творця для життя людини полягав у тому, щоб ми жили під відкритими небесами у відчутній присутності Бога. Чому це так важливо? Тому що з місця Божої присутності, де небеса з'єднані із землею, людина могла б керувати й володарювати, поширюючи Едем, Царство Боже, по всій землі. Цією істиною не можна нехтувати: Божа присутність має стати первинною у нашому житті. Ти маєш перебувати там під покровом

---

1   Myles Munroe, https://www.youtube.com/watch?v=9NmgNUAxFNw (взято 25.07.2023); дивіться також Darrell Parsons, *Release Your Words – Impact Your World: Let Your Voice Be Heard!*. Parsons Publishing House 2008. – С. 78.

Всевишнього, у тіні Всемогутнього і все робити з Його присутності. Тільки тоді ти будеш успішним у всіх своїх шляхах і зможеш виконувати волю Господа. У цьому Його досконалий задум для людини.

Як практично досягти цього?

У 3-му розділі книги «Не від цього світу» я описав будівництво храму, який служив місцем, де слава Божа перебувала на землі. Відділення храму – це щаблі до близькості з Богом, прообраз того, яким чином ми наближаємося до Нього: через зовнішній двір у внутрішній двір і потім у Святе Святих. Святе Святих – це присутність Бога. У Старому Завіті туди міг входити тільки першосвященик раз на рік. Але в Новому Завіті через жертву Ісуса Христа кожен, хто повірить, отримує вільний доступ у Святе Святих – у Божу присутність, під Його панування...

Ви можете прочитати про це в самій книзі, тому я не повторюватимуся. У цьому щоденнику я хочу показати вам, як пройти в глибину Божої присутності – у Святе Святих. Це процес, і є певні умови, як ми входимо туди: із зовнішнього двору у внутрішній двір і далі у Святе Святих, де ти надаєш себе у повне розпорядження Бога і зустрічаєшся з Ним віч-на-віч.

Можливо, хтось із вас скаже: «Та це ж нереально!» Ось тому ти тримаєш у руках цей посібник – щоб пізнання Господа та близькість із Ним стали реальністю для тебе. Не скуштувавши цього, ти ніколи не зрозумієш, що таке

ПІЗНАННЯ Бога. Саме в глибині Його присутності відбуваються процеси з'єднання, пізнання та усиновлення. Якщо ти зупинишся і не підеш далі, у Святе Святих, твої стосунки з Богом залишаться лише на рівні знань та інформації.

Отже, щоб пізнавати Бога, треба навчитися входити в глибину Його присутності. Божа присутність – це набагато більше, ніж просто фізичні відчуття під час поклоніння чи молитви. Люди думають, що якщо в них «забігали мурашки» по тілу, то вони увійшли в Божу присутність. Це не зовсім так! У Божій присутності є глибина – це занурення в Його спокій, шалом, і набуття цілісності, гармонії духу, душі і тіла. Як цього досягти? Псалом 45:11 говорить:

«Вгамуйтеся і пізнайте, що Я – Бог! Я буду звеличений між народами, буду прославлений на землі.» (Псалми 46 (45):11)

В англійському перекладі цього вірша використовується фраза «be still» – тобто увійди в тишу, в спокій, *у* нерухомість. Іншими словами, треба вимкнути ВСЕ, прибрати ВСЕ, зупинити ВСЕ і зупинитися самому.

«Вгамуйтеся і пізнайте» означає такий рівень зупинки, коли для тебе все відходить на задній план. Для цього потрібно створити певні умови: присвятити місце та час, залишити всі справи та зосередити увагу лише на Господеві. А значить, там більше не буде місця ні для

телефону, ні для комп'ютера, ні для повідомлень, ні для книг, ні для соцмереж – ніщо, що відволікає взагалі не повинно там бути!

Якщо ти ділиш таємну кімнату з іншими справами або дозволяєш комусь у будь-який момент перервати тебе, значить, ти надаєш цим відволікаючим факторам більшого значення, ніж спілкуванню з Батьком, або прирівнюєш Бога до цих факторів. Але Господь не буде проявляти Себе в такій атмосфері. Сьогодні віруючі моляться, поклоняються, співають, але при цьому не вимикають телефони та постійно заглядають в них. І проблема зовсім не в телефоні; проблема в душі, яка прив'язана до нього. Якщо під час молитви чи усаміт-нення ти не зміг звільнитися від телефонної залежності або від своїх переживань, думок, планів, почуттів, то Бог не відкриє тобі Свого серця. Він не розмовлятиме з тобою, якщо перед твоїми очима є хоч щось, що відводить твою увагу від Нього. Бог чудово знає Собі ціну і не дозволить тобі переводити увагу з Себе на об'єкти твоїх душевних інтересів. Якщо ти стверджуєш, що Він твій Господь і Цар, то й чинити маєш відповідно. Це означає, що тобі доведеться зробити вибір.

Коли Бог спрямовує Свою увагу, Свій погляд, Своє дихання на тебе, у тебе не повинно залишатися місця ні для чого іншого. Бог відкриває Себе лише тим, чия увага повністю віддана Йому. Скажу більше (можливо, зараз багато хто цього не зрозуміє): потрібно навчитися занурюватися в такі глибини Божої присутності, де немає місця навіть музиці, пісням чи іншим голосам. Нічому!

Служіння Богу у внутрішньому дворі храму супроводжувалося музикою та співом левітів, а от у Святе Святих першосвященик не входив із піснями, з гуслами, з натовпом співаків та музикантів. Він заходив туди один із прив'язаною до ноги мотузкою, щоб у разі його смерті від руки Господа інші священики могли витягти звідти мертве тіло. Таким чином мотузка була символом того, що священик помирав для себе. Тому я хочу ще раз наголосити: якщо ти хочеш увійти у Святе Святих, у глибину Божої присутності, все довкола має втратити для тебе цінність, і ти маєш померти для всього. Якщо ти хочеш домогтися Божої уваги – відокремся від усього і віддай Йому всю свою увагу.

По-перше, створи умови навколо і всередині себе. Знайди методи, які допоможуть тобі увійти в Божу присутність. Багато хто для цього вмикає музику, молиться мовами, поклоняється Господу. І це добре. Але коли ти нарешті з'єднався з Богом, зупиняй все і йди глибше – у стан спокою. ВСЕ **навколо** тебе і ВСЕ **всередині** тебе має затихнути.

Бог навчав мене цьому в усамітненні. Одного разу Дух Святий сказав мені: «Щоб увійти глибше в Мою присутність і споглядати Мою славу, прибери всі пісні, голоси, музику – все, що розбавляє Моє спілкування з тобою». Якщо ти хочеш увійти в глибини пізнання

Бога і навчитися бачити далеко, високо й широко, тобі потрібно відключити все і надати себе Йому. Тобі доведеться навчитися заспокоювати свої почуття, емоції та думки і входити в божественний спокій, адже тільки в такому стані ти зможеш чітко чути Божий голос.

Пам'ятаю, як одного разу Бог сказав мені: *«Я хочу розмовляти не з твоїми почуттями, а з тобою, з твоїм духом, і на тобі лежить відповідальність заспокоїти душу і тіло, щоб ти міг чути Мене».* Також Він сказав: *«Навчись заспокоювати не тільки свої емоції, але й своє тіло».* Так, іноді, молячись, я ходжу по кімнаті – найчастіше це буває під час заступництва або молитви мовами. Але щоб споглядати Божу славу і увійти в глибину, потрібно навчитися зупиняти не тільки думки, почуття, емоції та час, але й тіло. Твоє тіло також має заспокоїтися й увійти в гармонію з твоїм духом і душею.

У полі твого зору маєш залишатися тільки ти і Бог – і більше нічого! В цей момент ти для всього повинен померти. Ти входиш у Святе Святих, і в цьому «місці» ти вже нічого не говориш, а повністю віддаєш себе Богові. Ти там для того, щоб чути Його. Це не просто тиша – це глибина. «Be still» – означає увійти глибше в цю тишу, глибше в цей спокій.

Іноді в усамітненні я провалююся в якийсь вакуум, входжу в іншу атмосферу і виразно відчуваю, як мене покриває Божа слава. Все, що до цього шуміло та гриміло, відсувається на задній план, а я кудись провалююся і більше нічого не чую. Ніби в бочці закрився від зовнішнього світу. Вся моя увага зосереджена на Богові, і в цьому стані я починаю не просто чути Його голос – я починаю розуміти Його думки, Його слова. Буває так, що в тобі звучать не слова Бога, а немовби думки. Ти знаєш, що Він хоче тобі сказати – не чуєш, але знаєш. Ти розумієш, що Він тобі показує, що відкриває. Ти внутрішньо розумієш цю мову духу. Ось так розмовляють в духовному світі. Так розмовляє Бог.

Його голос всередині нас приходить не у звуці, а в розумінні та образах. У Бога немає фізичних вуст, Він розмовляє не так, як людина. Це означає, що Його голос потрібно розуміти, усвідомлювати і розрізняти.

Мене часто запитують:

– Андрію, як ти чуєш Бога?

– На рівні розуміння. Я розумію, що Він говорить зараз, я розумію Його голос.

– Як ти розумієш?

– Цьому потрібно навчитися, дозволяючи Духу Святому вести тебе в глибину Божої присутності. Ти не зможеш це зрозуміти, поки не почнеш практикувати все, про що я говорив.

Хочу зазначити, що я зараз говорю не про пророчий дар, а про богопізнання та близькі стосунки з Господом. Пророчий дар може діяти навіть у метушні. Але коли ти будуєш близькість з Богом і з'єднуєшся з Ним, на тобі лежить відповідальність заспокоїти свої душу й тіло. Бог з'єднаний з тобою у сфері духу – чи зможеш ти з'єднатися з Ним? Хтось може заперечити: «Це так складно, і я не маю на це часу!» Може, тому ти й не знаєш Божого голосу? Бог завжди говорить у твій дух. Питання в тому, чи зможеш ти привести в стан спокою свої почуття, думки та тіло, щоб Божий голос міг проникнути зі сфери духу в твою душу, звертаючись до тебе зрозумілою для тебе мовою.

Не перекладай на Бога те, що повинен зробити ти сам:

- Бог не буде заспокоювати твої емоції – їх маєш заспокоїти ти.

- Бог не буде перекрикувати твої почуття – їх маєш заспокоїти ти.

- Бог не буде відключати твого телефону – це маєш зробити ти.

- Бог не буде змушувати тебе зосереджувати увагу на Ньому – це маєш зробити ти.

І останнє: коли буде прибрано все, що відволікає твою увагу, і ти увійдеш у стан божественного спокою, ти вже не бажатимеш тримати очі відкритими і говорити про будь що. Тепер говоритиме Бог. Тому закрий фізичні очі і дивись духовними очима. Спостерігай за тим, що Він тобі показує, що говорить і що відкриває.

Завдання:

Зроби чесний аналіз тих факторів, які найбільше впливають на твою душу і можуть відволікати твою увагу, коли ти відокремлюєш час для молитви й перебування з Богом. Якщо ти хочеш увійти глибше, ти маєш відокремитися від усього.

Запиши, що може відволікати твою увагу, коли ти намагаєшся повністю зосередитися на Господі:

____

____

____

____

____

____

____

Практика:

Наступні 15 хвилин проведи в молитві мовами, а потім 15 хвилин просто очікуй Господа в тиші та спокої.

Прислухайся до Божого голосу, до того, «що скаже Він всередині тебе».:

____

____

____

____

____

____

____

____

____

____

____

День 3

Його голос в Його присутності

Псалом 22 (23)

¹ Псалом Давида. Господь – мій Пастир. Я не матиму недостатку.

² На зелених лугах Він дозволяє мені відпочивати, біля тихих вод піклується про мене.

³ Мою душу Він підкріпляє, провадить мене стежками правди заради Свого Імені.

⁴ Коли б я пішов навіть долиною смертної тіні, не боятимуся лиха, бо Ти зі мною. Твій жезл і Твій посох втішатимуть мене.

⁵ Ти накриваєш переді мною стіл перед очима моїх ворогів. Ти намастив мою голову єлеєм, до краю наповнюєш чашу мою.

⁶ Отже, добро і милосердя будуть супроводжувати мене в усі дні мого життя. Я перебуватиму в Господньому Домі протягом багатьох днів.

П САЛОМ 22, ЯКИЙ ВИ ЩОЙНО прочитали, виражає суть панування. Це не проголошення Давида, не його молитва – це принципи життя під пануванням Бога. Зверніть увагу, що Давид говорить не «Бог – мій Пастир», а «Господь – мій Пастир». Різницю між поняттями Бог і Господь ми детально розглядали у книзі. У цьому псалмі Давид висловлює не своє ставлення до Господа, а ставлення Господа до нього! Слова Давида можна перефразувати так: «Я полюбив Його і надав себе Його пануванню. І тепер ось що Він робить для мене і що виявляє у моєму житті під Його пануванням».

Фраза «*На зелених лугах Він дозволяє мені відпочивати*» говорить про забезпечення. Під Своїм пануванням Бог приготував для нас зелені луги, дарував нам життя – і життя з надлишком. Саме туди Він хоче привести нас.

Рядок «*біля тихих вод піклується про мене*» говорить про спокій в Бозі. Сам Господь зацікавлений в тому, щоб вводити нас у стан спокою, адже інакше ми не зможемо чути Його голос. *Чому тут згадується вода?* Вода втамовує спрагу, приносить заспокоєння, уособлює життя і є прообразом Святого Духа. Людина не втомлюється дивитися на вогонь і воду – на це уособлення Божої природи. Бог хоче вести нас до тихих вод, щоб у цьому спокої бути з нами і навчати нас.

Фраза «*провадить мене стежками правди заради Свого Імені*» говорить про водійство Духа Святого, Який керує нами, коли ми перебуваємо під Божим пануванням.

Він спрямовує нас до виконання Божого призначення, пов'язаного з Його волею. На цих стежках Він заповідає ангелам охороняти нас (див.: Псалом 90:11), дає нам забезпечення, захист, вирішує наші проблеми, покриває наші потреби і вникає у всі наші справи, щоб ми могли виконати Його волю.

Зверніть увагу на таку послідовність:

1. на зелених лугах дозволяє відпочивати,

2. біля тихих вод піклується,

3. підкріплює душу,

4. провадить стежками правди.

Спочатку Бог веде нас до тихих вод, щоб ми увійшли у стан спокою духу, душі й тіла, адже тільки тоді Він зможе спрямовувати нас Своїм голосом. Це принципи, яким Бог навчав Давида: перебуваючи у спокої, ти почуєш всередині себе голос Святого Духа. Він особисто направлятиме і посилатиме тебе зі Своєї присутності виконувати Його волю.

Чому Божа присутність така важлива? Тому що в Божій присутності чутно Його голос. *Чи може Бог говорити до нас ззовні?* Звичайно, може. Але ззовні Він не спрямовує, а зупиняє нас, повертаючи в таємну кімнату, до особистих стосунків з Ним, щоб говорити до наших сердець. Ззовні Бог лише привертає нашу увагу. Ще раз хочу підкреслити: ззовні Дух Святий зупиняє, попереджає, застерігає, але не спрямовує нас. Попередити – не те саме, що спрямувати. Щоб Бог міг спрямовувати нас, нам треба зупинитися, увійти в спокій і слухати Його.

«Коли б я пішов навіть долиною смертної тіні, не боятимуся лиха». Зверніть увагу на слово «коли б». «Коли б» – це ймовірність, а не закономірність. Це не невідворотність, як вчать деякі, а радше випадковість або певний період. Іншими словами, нам не потрібно постійно жити в очікуванні неприємностей. Але навіть якщо прийшло лихо, знайдіть втіху в словах Давида: *«Коли б я пішов навіть долиною смертної тіні, не боятимуся лиха, бо Ти зі мною»*. Навколо нас можуть вирувати шторми, але ми пройдемо їх під покровом та захистом Господа.

«Отже, добро і милосердя будуть супроводжувати мене в усі дні мого життя. Я перебуватиму в Господньому Домі протягом багатьох днів». Тут Давид говорить про присутність і доброту Господа у всі дні свого життя. І чим більше ми слухняні Божому голосу, тим більше Він виявляє Своє панування у нашому житті.

Як тільки я усвідомив цю істину, я почав створювати умови для того, щоб входити у Божий спокій, де ніщо не відволікатиме мене від Нього. Коли ти тільки починаєш свій шлях у Господню присутність, ти можеш увімкнути музику, ходити по кімнаті, цитувати Слово та молитися мовами. Але все це лише кроки в глибину: із зовнішнього двору до внутрішнього двору і потім у Святе Святих. Коли ж ти увійшов у Святе Святих, це вже стає Едемом – тим місцем, де над тобою відкриті небеса і Бог покриває тебе Своєю славою.

Щоб перебувати в Божій присутності, я вирішив кожного місяця їздити на кілька днів у гори для усамітнення. В Божому спокої мені почала відкриватися глибина і широта Його Слова, я побачив Писання по-новому. Іноді я отримував від Господа конкретні завдання, і Він спрямовував мене Своїм голосом.

Бог починав навчати мене з простих кроків. Пам'ятаю один випадок з усамітнення в горах. Справа в тому, що коли я перебуваю в Божій присутності й Слові, я не рухаюся. (Я описував цей стан «be still» у попередньому розділі.) Від довгого сидіння в мене іноді затікають м'язи і починає ломити все тіло. Ось чому я намагаюся обирати готель, у якому є лазня. Я люблю попаритися, а підбадьорившись, знову повертаюся до кімнати для спілкування з Богом. Лазня стала для мене невід'ємною частиною усамітнення.

І ось одного разу через поклоніння я глибоко ввійшов у Божу присутність, у Його славу, у Святе Святих. Раптом у цьому стані я ясно почув, як Бог каже: «Іди до лазні!» Я подумав: «Не зрозумів! Як це? Можливо, Бог має на увазі лазню водну, про яку писав апостол Павло у посланні до Ефесян?» Ось так я сидів і міркував над почутим, як раптом знову почув у дусі: «Та йди ти вже зрештою до лазні!» І просто перед собою я побачив лазню. У мене й раніше були такі випадки, коли Бог зі Своєї присутності посилав мене щось зробити (я описував це в інших книгах). Тому я розумів, що за цим словом стоїть якась місія. Отже, Він хотів зробити там щось через мене.

Коли я виходжу з такого стану, я стаю дуже чутливим до всіх звуків і рухів. Мені здається, що все навколо гуркотить. Якщо поруч зі мною з'являється якась людина, я виразно чую її гучне дихання. Я звертаю увагу навіть на найдрібніші деталі. Не знаю, як іншим, але мені важко різко повернутися з духовної реальності у фізичну.

Отже, ще не відійшовши від Божої присутності, я взяв шорти і спустився на третій поверх, де була лазня. Зайшов у парилку, а там нікого… «Ну, ось тобі й раз! – розчаровано зітхнув я. – Невже я щось переплутав? Може, це був голос плоті, а не духу?» Додавши жару, я сів паритися. Через деякий час відчинилися двері, і увійшов чоловік великої статури. Дихав він важко, і його хода здалася мені трохи дивною: чи то він напідпитку, чи то йому було важко рухатися, чи то я занадто накрутив жар у лазні.

Чоловік сів і перший заговорив:

– Ну що, скільки грошей ти тут програв?

Справа в тому, що до того готелю було прибудовано казино. Швидше за все, і ціни там були нижчі за звичайні – з розрахунком на те, що відвідувачі витрачатимуть гроші в казино.

– А я не граю в казино, – відповів я.

– Да? А що ти тут робиш?

– Я тут проводжу час з Богом.

Моя відповідь його просто приголомшила. Тому що, по-перше, я не грав у казино, як інші; по-друге, я проводив час з Богом; і, по-третє, я сидів у лазні й говорив про Бога. Такого він точно не очікував тут зустріти! Чоловік почухав потилицю і з усмішкою запитав:

– Ну і що ж тобі Бог сказав?

– Не повіриш! Сказав прийти сюди.

Він засміявся і запитав:

– Навіщо?

– Думаю, заради тебе.

– Заради мене?

– Так, напевно Він дуже любить тебе і знає, з чим ти борешся у своєму житті, від чого страждаєш і про що питаєш Його… Саме тому Бог і вирвав мене з молитви та привів у лазню – щоб ти в мене запитав, а я тобі відповів.

Тоді той чоловік різко випалив:

– Та немає ніякого Бога. Маячня все це!

– Ти можеш думати як хочеш. Але я говорю тобі те, що сказав мені Бог. Напевно, у твоєму житті є щось таке, заради чого Бог звелів мені прийти сюди…

А далі мені прийшло слово знання, і я почав говорити йому конкретні речі про проблеми в його сім'ї та про його спину.

Чоловік знову засміявся і далі поводився так, ніби йому байдуже, ніби в нього нічого не болить і все чудово... Наша розмова не клеїлася, і ми парилися мовчки. Я посидів ще трохи. «Напевно, я вже сказав те, що Бог хотів...» – вирішив я і вийшов з парилки. На виході чоловік наздоганяє мене, одягаючись на ходу, та й каже:

– Ходімо до мене в машину.

Я здивовано подивився на нього: «Що з ним раптом сталося?»

А він знову:

– Ну ходімо зі мною, будь ласка!

– Навіщо?

– Потім зрозумієш.

Ми вийшли на вулицю і сіли в його старенький пікап. Він розповів мені про серйозні проблеми в сім'ї, де справа йшла до розлучення. Потім перелічив довгий список своїх хвороб. Ще в лазні мені було слово знання про його проблеми зі спиною та в сім'ї, тільки коли я його про це запитав, він не був відкритий і не хотів говорити, а поводився так, ніби в нього все добре. Виявляється, насправді він мучився у своїй душі й страждав від божевільних болів у спині, через які не міг нормально пересуватися.

Потім чоловік несміливо додав:

– Я не в силах їх більше витримувати! Ти можеш за мене помолитися?

– А ти готовий прийняти Ісуса своїм Господом?

Він відповів:

– Знаєш, адже я весь час над цим сміявся. Але сьогодні, коли ти сказав мені, що прийшов туди заради мене… Я в житті не чув нічого подібного! Я ніколи не очікував почути про Бога в лазні – і так просто. Ніхто мені ніколи не казав, що Бог послав когось заради мене, тому що Він любить мене і, бачачи мої муки, хоче мені відповісти… Коли ти мені це говорив, я зовні сміявся з тебе, а всередині плакав. Тому я наздогнав тебе і запросив до себе в машину. Я хотів, щоб ти там за мене помолився.

Ми почали молитися, і він прийняв Ісуса у своє серце, а потім Бог його зцілив. Ці божевільні болі у нього зникли! Ми ще трохи поговорили, і я благословив його сім'ю та його подальше життя. Якби ви знали, що Бог зробив пізніше в його житті! Але йдеться не про це. Я хочу звернути вашу увагу на інше. Коли я повернувся до своєї молитовної кімнати, я відчув, що піднявся на новий рівень поклоніння. Послух Божому голосу вивільнив Його панування в моєму житті. Те, що я зробив, і було поклонінням Богу. Так, поклоніння виражається не лише в піснях і молитвах. Насамперед воно проявляється в слухняності Його голосу.

Мене іноді запитують: «Як досягти того, щоб було більше панування Бога в нашому житті?» Чим більшою буде наша слухняність Його голосу, тим більше буде вивільнятися Його панування в нашому житті. Його голос чутно в Його присутності, і Його голос несе Його керівництво. Він веде нас до вод тихих, щоб ми чули Його, і провадить нас стежками правди заради Свого Імені.

Завдання:

Нахили себе до того, щоб навчатися чути Божий голос. Іноді Його водійство починається з думки, що раптово приходить тобі. Разом із думкою приходить прискорене серцебиття і бажання щось робити, – ти розумієш, що це не просто звичайна думка. Ця думка підштовхуватиме тебе до дії, але водночас ти відчуватимеш мир.

Можливо, ти почнеш запитувати себе самого: «Хіба в мене вийде? Я ніколи цього не робив. Невже мені справді потрібно зробити цей божевільний крок?» – чи щось схоже.

Ця думка не залишає тебе деякий час. Коли до тебе приходить думка з таким імпульсом і твоє серце починає битися по-особливому, ти розумієш, що Бог дає тобі можливість зробити щось для Нього, але Він не примушує, не тисне і не контролює тебе. У тебе є вільна воля, і вибір залежить лише від тебе.

Ти запитаєш: «Як мені знати, що це голос Бога, а не мої думки?»

Перевіряй і досліджуй. Якщо ти зробиш те, що почув, і прийде успіх – значить, це було від Бога. А якщо не буде позитивного результату, значить, це була справа плоті або обман сатани. Учись і тренуйся! Це духовне мистецтво. Все досліджуй, доброго держися, – і таким чином навчишся розпізнавати Божий голос. Я також не раз помилявся і робив щось по плоті, думаючи, що це доручив мені Бог. Я визнаю свої промахи й продовжую шукати Його голос. І я не збираюсь зупинятися!

Згадай випадки, коли завдяки слухняності Божому голосу всередині тебе те, що здавалося тобі недосяжним, ставало можливим. Запиши ці свідоцтва для себе – вони зміцнять твою віру.

____

____

____

____

____

Практика:

Наступні 15 хвилин проведи в молитві мовами, а потім 15 хвилин просто очікуй Господа в тиші та спокої. Прислухайся до Божого голосу, до того, «що скаже Він всередині тебе».

День 4

Його ведення в Його голосі

Псалом 91(92)

¹ Псалом. Пісня на день суботній.

² Як же добре прославляти Господа й оспівувати Твоє Ім'я, Всевишній!

³ Від самого ранку сповіщати Твоє милосердя і вночі – Твою вірність,

⁴ граючи на десятиструнній лютні, псалтирі, та з піснею на гуслах.

⁵ Адже Ти, Господи, потішаєш мене Своїми діяннями, – я радію, споглядаючи творіння Твоїх рук!

⁶ Які величні вчинки Твої, Господи! Твої задуми – надзвичайно глибокі.

⁷ Нерозумна людина цього не знає, недосвідчена – не розуміє,

⁸ що, хоч нечестиві ростуть, як трава, і ті, що чинять беззаконня, процвітають, але вони приречені бути знищеними навіки.

⁹ Ти ж, Господи, звеличений повіки.

¹⁰ Бо ось вороги Твої, Господи, – неодмінно Твої вороги загинуть, і будуть розпорошені усі злочинці,

¹¹ а мене Ти підносиш у силі, наче ріг єдинорога; я намащений свіжою оливою.

¹² Моє око зі зневагою буде лише дивитись на моїх ворогів, а моє вухо слухатиме лиходіїв, що повстають на мене.

¹³ Праведник процвітатиме, як пальма, підніматиметься вгору, як кедр на Лівані.

¹⁴ Посаджені в Господньому Домі, – такі процвітають у дворах нашого Бога.

¹⁵ Навіть у пізньому похилому віці вони будуть плодовиті, соковиті й свіжі,

¹⁶ аби сповіщати про справедливість Господню. Він – моя Скеля, і в Ньому немає жодної неправди.

В И ЗВЕРНУЛИ УВАГУ НА ТЕ, що *посаджені в домі... процві-тають у дворах* (Псалми 91:14)? Говорячи пророчою мовою, посаджені – це ті, хто помістив себе в дім, тобто в Божу присутність. Зауважте: вони не відвідують Його дім, а поміщають себе в Його дім, тобто перебувають у Його присутності і все роблять із Його присутності. Яким же буде результат? Плоди, які видно. Ти посаджений в домі, а процвітаєш у дворах. Ти насаджений у Його присутності, а процвітаєш у видимому світі.

Далі, у 15 вірші, написано, що *«у пізньому похилому віці вони будуть плодовиті, соковиті й свіжі»*. Іншими словами, сили, свіжість і здатність приносити плоди залежать не від твого віку – молодий ти чи старий – а від того, де ти насаджений. Людина, яка зростає в близькості з Богом і яка помістила себе в Його присутність, у вічну природу Бога, у видимому світі буде як дерево, посаджене біля потоків вод, лист якого не в'яне і яке приносить плід у свій час, і в усьому, що не робить, встигне (Псалми 1:3).

Якщо ви хочете бачити плоди у своєму житті, потрібно культивувати не плоди, а починати з основи – з Божої присутності – вона є первинною. Чому це важливо? Тому що в Його присутності чути Його голос. В Його голосі міститься Його водійство. І в слухняності Його голосу на вас чекає успіх, і ви побачите плоди у своєму житті.

Коли я був молодіжним пастором, ми з командою почали щосуботи виходити в центр міста євангелізувати і молитися за перехожих. Ми знали, що це доручення

Господа – йти до неспасенних людей і нести їм Добру звістку, але, якщо чесно, ми не бачили від цього служіння явного плоду. Люди реагували по-різному, і не було свідчень слави Божої. Мене це турбувало.

В одну з таких субот я їхав в машині й почав конкретно молитися про це: «Боже, що не так? Ми стільки ходимо, трудимося, виконуючи Твій наказ… Ти ж сказав, що треба нести Добру звістку, і ось ми йдемо, а плодів немає. Покажи мені, як Ти це бачиш? Що ми робимо не так?» Я все ще молився про це, як раптом переді мною з'явилася велика фура магазину Target, на якій позаду, на білому тлі, була зображена велика червона мішень. Я їхав і дивився прямо в ціль, а всередині почув голос і зрозумів, що це Божа відповідь на мою молитву. Дух Святий промовив до мене: *«Проповідувати і нести Благу Звістку – це спільна місія, наказ кожному, але якщо ти в цій місії навчишся чути Мій голос, то потраплятимеш прямо в ціль, і тоді з'явиться плід».*

Так он воно що! ось у чому справа! Я зрозумів, що не варто кидатися в різні боки, марнувати себе на всілякі поїздки і проекти, хоч би якими важливими вони здавалися, але потрібно бути керованим Духом Божим у кожній місії. *«Якщо ти будеш чути Мій голос і знати, як і куди Я спрямовую тебе з проповіддю Євангелії, то потраплятимеш у ціль»,* – знову сказав Дух Святий. І я зрозумів, що у своєму служінні благовістя я весь час «стріляв у різні боки», але бив повз ціль.

Отже, я приїхав у церкву, де ми разом збиралися перед виходом у місто, і одразу підійшов до мого друга Сергія, який на той час був новонаверненим, а тепер, до речі, є пастором в нашій церкві Flame of Fire. Я кажу йому: «Сергію, ми розбиваємося на групи, і ти йдеш зі мною. Тільки сьогодні ми все робитимемо по-іншому. Я відчуваю, що Бог мені дещо показав». Після молитви всі розбилися на групи, і ми з Сергієм поїхали в центр міста, до Білого дому. Там є парк, де завжди гуляють люди.

Коли ми приїхали до парку, я сказав йому: «Ми будемо ходити недалеко один від одного і молитися духом доти, доки не почуємо те, що скаже нам Бог». Так минуло хвилин тридцять. І раптом ми одночасно звернули увагу на одного мексиканця, який на самоті сидів під деревом. Ми подивилися на нього, потім один на одного і зрозуміли, що Бог спрямовує нас до нього.

Ми підійшли до цього чоловіка, привіталися, і я сказав: «Нехай це не здасться тобі дивним, але Бог вказав нам на тебе, щоб ми з тобою помолилися і розповіли про Ісуса». Я не заходив здалеку, а прямо так йому все й сказав. Не встиг я договорити, як він опустив голову і заплакав. Я тільки хотів запитати його, що не так, як він перебив мене:

– Я хочу, щоб ви почули історію мого життя.

Насилу взявши себе в руки, він почав розповідати:

Я мешкаю в Сан-Хосе (штат Каліфорнія). Вісім місяців тому все в моєму житті почало руйнуватися. (Це був 2008 рік, коли в країні почалася криза у сфері нерухомості.) У нас, у Сан-Хосе, стався масштабний обвал маркету. У цей час у мене було все: просторий будинок, добре оплачувана робота, сім'я, діти. Ми ні в чому не мали потреби. Але коли стався економічний крах, мене одразу ж звільнили з роботи. Протягом наступних трьох місяців закінчилися всі наші заощадження. Увесь цей час я шукав роботу, але безуспішно. Невдовзі я вже не міг платити за будинок, придбаний у кредит, і банк забрав його. Ми опинилися на вулиці. В цей же час у мого батька виявили рак. Я, як міг, доглядав за ним, але незабаром він помер. Для мене це була жахлива втрата! Я займався похороном батька, досі не маючи постійної роботи. Моя дружина не могла більше цього терпіти: вона забрала дітей і поїхала до Сакраменто. За кілька місяців я втратив усе: роботу, дім, батька, дружину та дітей.

Два тижні тому я спробував накласти на себе руки – перерізав собі вени. Досі не знаю, хто мене врятував... Пам'ятаю лише, що отямився в лікарні, і перші слова, які я сказав, були: «Боже, навіщо Ти залишив мене жити? Я хочу померти, я не маю мети в житті! Кому я потрібний? Якщо Ти є, то чому ж Ти мовчиш?»

Коли мене виписали з лікарні, я зв'язався з дружиною і приїхав сюди, до Сакраменто, щоб зустрітися з дітьми. Моя дружина має привести їх сюди. Тому я тут сиджу і чекаю на них, а сам дивлюся в небо і всередині кричу: «Боже, якщо Ти є, дай мені відповідь! Хто Ти? Навіщо Ти залишив мене жити? У чому сенс мого життя?» І в цей момент, ніби нізвідки, переді мною з'явилися ви двоє. Ви просто перервали мої думки і сказали, що Бог послав вас до мене, щоб розповісти про Ісуса і помолитися за мене...

Коли він усе це розповідав, по його щоках текли сльози.

– Що мені робити? – запитав він, тяжко зітхнувши.

– Ну, для початку тобі потрібно прийняти Ісуса як свого Господа і Спасителя.

Ми почали молитися, і він прийняв Ісуса у своє серце. Після цього ми помолилися за повне відновлення його сім'ї, його долі, за Боже призначення для його життя. Ми розмовляли з ним, відповідали на його запитання та наставляли його у вірі. Незабаром приїхала дружина з дітьми, і ми, обмінявшись номерами телефонів, попрощалися.

Через кілька тижнів Сергій з ним зв'язався, і він розповів дивовижне свідчення про те, як Бог відновив його сім'ю та дав йому мету в житті. Слава Господу! Але я хочу наголосити на наступному. Коли того дня я повертався додому, у мене перед очима все ще стояв той знак «Target» (мета, мішень), і я раптом зрозумів: ось що означає потрапити в ціль! Успіх (плід) пов'язаний зі слухняністю Божому голосу, а не лише з нашими зусиллями. Його голос спрямовує, дає ведення та розуміння, що, як і коли робити, щоб потрапляти в ціль. І Бог зацікавлений у цьому навіть більше, ніж ми самі.

Нам слід зрозуміти, що Бог починає навчати нас із найпростіших кроків, які здаються нам незначними або неважливими. Суть не в тому, маленьке це завдання чи велике, а в тому, що ти навчаєшся в малому бути слухняним голосу Божому. Наприклад, ти чуєш, як Він тобі каже: «Піди помий посуд». І справа тут не в посуді, хоча, звичайно, за чистим посудом піде подяка дружини або батьків. Справа в тому, що ти почув Божий голос і не проігнорував його. Це дуже важливо, тому що Бог виробляє в тобі чуйність до Свого голосу і вчить тебе бути слухняним Його проводу через звичайні життєві ситуації.

Пам'ятаю, як нещодавно я підходжу до своєї машини, а Бог мені каже: «Ти давно не відкривав двері своїй дружині». Я різко розвертаюся і, як очманілий, біжу до неї, щоб відчинити дверцята. Встиг! І суть не в самій дії, а в моїй слухняності голосу Бога, тому що Він перевіряв мою реакцію на Його доручення. Деякі люди вважатимуть це дрібницею і чекатимуть, коли ж Бог доручить їм щось велике. На жаль, Господь не довірить тобі нічого великого, якщо ти раніше не навчишся слухатися Його в малому! Чому це важливо? Якось Бог сказав мені: «Я виробляю в тобі швидку реакцію на Мої слова, щоб, коли ти Мені знадобишся, ти навіть крізь сон міг почути Мене. Коли ти Мені знадобишся, Я хочу бути впевненим, що можу на тебе розраховувати. Я знатиму, що, якщо Я скажу Петру

– він не почує, скажу Марії – вона не почує… інші Мене не почують, але коли Я скажу тобі, то буде миттєва реакція на Мій голос. Я хочу знати, що в Мене є людина, яка ясно чує Мій голос і без вагань робить те, що Я їй говорю».

Завдання:

Не пропусти Божого голосу! Коли ти відчуєш Його голос, як імпульс у своєму дусі, не зневажай навіть найменших доручень. Він почне вчити тебе з простого: прибери, купи, допоможи, зателефонуй, віддай, підійди, скажи… Ці кроки вироблять у тобі чуйність до Божого голосу та швидку реакцію на нього. Тому звертай увагу на спонукання всередині себе.

____

____

____

____

____

____

Практика:

Наступні 15 хвилин проведи в молитві мовами і потім 15 хвилин просто очікуй в тиші та спокої. Прислухайся до Його голосу, до того «що скаже Він всередині тебе».

День 5

Читай букву, доки з тобою не заговорить Слово

Псалом 1

¹ Блаженний чоловік, який не бере участі у раді нечестивих, не стає на дорогу грішників і не сидить у зборищі кепкунів,

² але він насолоджується Господнім Законом, і над Його Законом він роздумує вдень і вночі.

³ Він буде, як дерево, посаджене біля потоків води, яке приносить свій плід у належну пору і листя якого не в'яне. В усьому, що тільки він робить, матиме успіх.

⁴ Не так з нечестивими, – вони наче полова, яку розносить вітер.

⁵ Тому-то й не встоять (не виправдаються) нечестиві на суді, ані грішники на зібранні праведних.

⁶ Адже Господь дбає про дорогу праведних, а дорога нечестивих – загибель.

МЕНЕ ЧАСТО ЗАПИТУЮТЬ ПРО ТЕ, як я читаю Біблію.

Я відповідаю:

– Я в ній перебуваю. Я навчився жити так, щоб постійно перебувати в Слові. Як я відкрив Біблію після покаяння, так до сьогодні її не закриваю.

– Той самий текст, який ми читали багато разів, ти пояснюєш інакше – так, як ми раніше не бачили. Як потрібно читати Біблію, щоб розуміти Бога?

Дозвольте відповісти:

– Читайте букву, доки не провалитесь у слово!

Я часто цитую цю фразу, тому що якось почув її від Бога: «Читай букву, доки не провалишся у слово, і слово не почне говорити з тобою». Тепер я живу цим принципом.

Зауважте: буква (написаний текст) і слово – це не одне й те саме. Біблію читає багато людей. І багато хто знає напам'ять вірші з Писання і навіть може цитувати цілі розділи – але цього недостатньо. Книжники та фарисеї також читали Писання і знали багато текстів напам'ять, але це не змінило їх – вони не пізнали слово, і слова не було всередині них. Буква не змінить тебе – тебе змінить слово! Скажу більше: те, що ти ходиш до церкви і відчуваєш присутність Святого Духа, не змінить тебе. Тільки слово здатне змінити тебе!

Хтось мені заперечить: «*Андрію, як ти можеш таке казати? Присутність Духа Святого змінює людину*».

Дозвольте пояснити. На початку творіння, коли земля була безжиттєвою і порожньою, Дух Божий ширяв над водою (див.: Буття 1:2), тобто там була Божа присутність. Але при цьому земля залишалася безжиттєвою і нічого не змінювалося, поки з цієї присутності не прозвучало Слово Бога!

Так і зараз люди можуть відчувати присутність Духа Святого, але при цьому в їхньому житті продовжується хаос і нічого не змінюється, тому що Дух Святий працює у партнерстві зі словом. Зміни приносить не буква, ні навіть Божа присутність – зміни приносить живе слово Бога!

*«На початку було Слово, і Слово було в Бога, і Слово було Бог. Воно на початку було в Бога. **Все через Нього постало**, і без Нього не постало нічого з того, що постало.»* (Івана 1:1–3). На початку творіння була не Біблія, а живе слово Бога, через яке все почало бути. Бог творив Своїм Словом. Слово Бога – це не просто інформація, це дух і життя (див.: Івана 6:63). Це безодня Його багатства та премудрості. У слові міститься Його вічна природа, в яку ти поринаєш.

Що означає читати букву, доки з тобою не заговорить слово? Як це відбувається на практиці?

Якось у молитві мені було дано видіння. У мікрохвильову піч поклали зерна попкорну та увімкнули нагрів. Я спостерігав за тим, як усе почало крутитися і нагріватися, і в якийсь момент попкорн почав стріляти, вибухати і розкриватися.

Після цього Дух Святий почав пояснювати мені значення побаченого: «Сухі зерна попкорну подібні до букви. Мікрохвильова піч уособлює собою твою внутрішність. Вона завжди повинна підключатися до Моєї температури, щоб кожного разу, коли ти читаєш Писання, воно оживало всередині тебе».

«А як це? Як підключатися?» – запитав я.

«Це молитва духом».

Дух Святий живе всередині тебе, щоб оживляти букву, яку ти читаєш. Тому, якщо ти хочеш, щоб слово в тобі оживало і ти поринав у нього, завжди поєднуй молитву духом із читанням Слова. Слово Його є дух і життя. Тобі потрібна присутність Духа Святого, щоб Слово оживало у твоєму житті. Тому молись духом і перебувай у Писанні, доки тексти Писання не почнуть «вибухати всередині», оживати і поки Слово не заговорить з тобою. Коли слово оживає всередині тебе, воно починає коригувати, викривати, спрямовувати, наставляти, підбадьорювати – тобто воно стає світильником, що освітлює тебе зсередини.

Люди часто хочуть мати пізнання та одкровення, але всередину себе нічого не кладуть. Тому перебувай у Писанні: читай букву, міркуй і молися духом – щоб збудовувати себе і дати можливість Духу Святому животворити всередині тебе прочитане слово.

У Псалмі, наведеному вище, написано: «*але він насолоджується Господнім Законом, і над Його Законом він роздумує вдень і вночі.*» (Псалми 1:2). Насправді ти не зможеш роздумувати вдень і вночі про букву – ти незабаром забудеш її! Але якщо з тобою заговорило слово, ти не зможеш не думати про нього – ти будеш постійно дивуватися тому, що Бог відкрив, показав, проговорив... Ти будеш настільки захоплений цими одкровеннями, що почнеш роздумувати про них день і ніч. Ось той стан, той спосіб життя, про який говориться в першому Псалмі. *І знаєш, що з тобою станеться?* Ти станеш деревом, посадженим біля потоків води, листя якого не в'яне.

Я не буду багато писати про це, щоб дати вам можливість практикувати ці принципи і занурюватися в живе слово Бога.

Завдання:

Ви хочете, щоб Бог говорив з вами? Він використовує Своє Слово, тому нехай воно рясно вселяється всередину вас, щоб Дух Святий міг його животворити.

1. Читайте Біблію не хаотично, а послідовно. Наприклад, рухайтесь від Матвія до Об'явлення. Потім знову повертайтеся до Євангелії від Матвія та йдіть до Об'явлення. Перебувайте багато в словах Ісуса.

2. Читайте повністю кожну книгу Біблії як одне

ціле: Матвія, Марка, Луки, Івана... Не читайте уривками або окремими главами – читайте книгою, тому що в кожній з них закладено певну концепцію. Не виривайте розділи з книги. Не виривайте думки з концепції. Якщо ви почнете читати Писання книгами, то навчитеся мислити концепцією, а не вирваними з тексту цитатами. І коли Дух Святий нагадуватиме вам якийсь вірш з Писання, ви бачитимете його в контексті всього вчення – як частину цілісної Божої концепції.

3.   Не зациклюйтеся на тому, скільки розділів ви сьогодні прочитали. Зосередьтеся на тому, щоб Слово заговорило з вами. Як? Читайте Писання в Божій присутності, кожного разу просячи Духа Святого, щоб Він говорив з вами через це Слово, животворив його, щоб вірші з Писання оживали для вас і ви починали «бачити» те, про що говориться в Слові. Моліться, щоб Бог просвітив очі вашого серця для розуміння Писання. Це дуже і дуже важливо!

4.   Мета не в тому, щоб читати Біблію, а в тому, щоб Біблія почала перебувати і оживати всередині вас, щоб Слово заговорило з вами і ви почали мислити Словом. Читайте доти, доки тексти Писання не оживуть у вас і ви не відчуєте, що з вами заговорив Бог, відкриваючи вам глибини Слова.

Практика:

Наступні 15 хвилин проведи в молитві мовами і потім 15 хвилин просто очікуй в тиші і спокої. Прислухайся до Його голосу, до того, «що скаже Він всередині тебе».

День 6

Сила хвали

Псалом 8

¹ Диригентові. На ґітійському інструменті. Псалом Давида.

² Господи , Владико наш! Яке величне Твоє Ім'я на всій землі! Ти підняв славу Свою понад небеса!

³ Устами дітей і немовлят Ти закріпив силу задля Своїх ворогів, аби знищити ворога і месника.

⁴ Коли я оглядаю Твої небеса, – діло рук Твоїх, – місяць і зорі, які Ти встановив,

⁵ то хто така людина, що пам'ятаєш про неї, або людський син, що провідуєш його?

⁶ Ти зробив його дещо меншим від ангелів , славою і честю увінчав його.

⁷ Ти дав йому владу над ділами рук Своїх, – все підкорив йому під ноги:

⁸ овець, всю іншу скотину, а також польових звірів

⁹ небесних птахів, морських риб та усе, що ходить морськими шляхами.

¹⁰ Господи , Боже наш! Яке ж величне Твоє Ім'я на всій землі!

КОЛИСЬ, МАБУТЬ, У ПІДЛІТКОВОМУ ВІЦІ, я пошкодив собі хребет, і після цього, коли я довго сидів, у мене з'являвся біль у спині. До того ж, я не міг опускати голову – затискався нерв, і мене пронизував гострий біль у шиї та спині. Я звертався і до сімейного лікаря, і до мануального терапевта, і до масажиста. Вони обстежили мене, але так і не змогли мені ні допомогти, ні навіть виявити причину. В принципі це не заважало мені нормально рухатися і жити. Я просто не нахиляв голову, щоб приховати свою проблему зі спиною, і міг викрутитися майже в будь-якій ситуації – але тільки не в перукарні. Щоразу, коли мене стригли, перукарка просила опустити голову вниз. Мені було настільки соромно зізнатися, що я не можу нахилити голову, що я був готовий не стригтися взагалі. Коли ж я все-таки опускав голову, мене пронизував сильний біль у спині, і я терпів його, скільки міг, хоча до кінця підборіддя опустити не міг. Так тривало довгий час.

Коли я почав проводити час з Богом у таємній кімнаті, я сидів нерухомо, поклонявся, утримував увагу на Ньому... і в мене з'являвся гострий біль у спині.

Одного разу, я добре пам'ятаю той вечір і мою стару квартиру, я став навколішки й почав поклонятися Богові. І раптом, у цьому положенні тіла, в мене заболіла спина. Цей біль заважав мені проводити час із Богом, тому всередині мене піднялася ненависть до диявола і ревність за Богом. У той момент я вирішив, що ніщо мене не зупинить, і голос моєї хвали буде сильнішим за голос болю. Через цей біль я почав голосно поклонятися Богові, вихваляючи Його. Усю свою увагу я звернув на Нього. Хвилин сорок я ходив, прославляючи Бога. Я не просив Його зцілити мене – я просто славив, хвалив і прославляв Його. Хочу повторити: я робив це тому, що всередині себе вирішив, що голос моєї хвали буде сильнішим, ніж голос хвороби та болю. Незважаючи ні на що, я зосередив усю увагу на Господі, а не на своїй спині, тому незабаром навіть забув про неї. Я занурювався в Божу присутність, відчуваючи Його славу всім тілом, і в якийсь момент відчув, як жар пройшов через усе моє тіло. Тоді я не зрозумів, що сталося. Я був захоплений Богом і продовжував проводити час у Слові.

За кілька днів я пішов у перукарню. Так, знову підстригатися. Коли жінка почала стригти мені потилицю, я автоматично опустив голову вниз – і раптом усвідомив, що не відчуваю болю. У той момент я зміг вільно торкнутися підборіддям грудної клітини, при цьому не відчуваючи жодного болю! Саме сидячи в кріслі перукаря я зрозумів, що сталося зі мною під час хвали, і усвідомив, що Бог мене повністю зцілив. Алілуя!

У Псалмі 8:3 говориться: «Устами дітей і немовлят Ти закріпив силу задля Своїх ворогів, аби знищити ворога і месника». Я хочу звернути вашу увагу на те, що в цьому вірші ворогами названі не люди, а все те, що протистоїть Божому задуму: хвороби, рабство, залежності, страх, занепокоєння, зневіра, злидні, прокляття, а також духи, що перешкоджають виконанню твого покликання і повстають проти твого успіху та твоєї близькості до Бога. Бог хоче знищити будь-якого ворога. Це означає, що Він сильний закрити уста будь-якої хвороби, злиднів, прокляття, стресів і страху в твоєму житті. Якщо хвороби є Божими ворогами, значить, твоїми ворогами також.

Я не знаю, з чим ти стикаєшся і борешся, в якому періоді ти перебуваєш. Хвороба, залежність, страх, сумніви, обставини можуть кричати у твоєму житті. Власними силами тобі з ними не впоратися, але є принцип, який допоможе закрити вуста ворогу.

По-перше, твої уста повинні звеличувати і проголошувати не проблему, а, навпаки, Бога – Його велич і могутність, те, Ким Він насправді є. Тоді з цієї хвали вийде Господь і закриє уста ворогам, ситуаціям та обставинам, злидням і хворобам.

По-друге, навчись по-іншому дивитися на обставини. Є слова, які дають місце ворогу в твоєму житті. Замість скаржитися і нарікати на те, як тобі важко, як ти втомився, як усе погано і безнадійно, спробуй вчинити інакше. Що, якщо перевести увагу з проблеми на Бога і почати славити Його за те, Хто Він є? Хвала Богові закриє уста твоєму ворогу. Роби це постійно – не тільки в церкві, а й у машині, на кухні, в офісі чи на футбольному полі. Спробуй засинати зі словами «Ти, Господи, понад усе! Ти святий! Ти більше, ніж я можу уявити!» і прокидатися зі словами «Господь – мій Пастир, я не матиму недостатку.

Цей день створив Господь! Я славитиму Його і радітиму за Бога мого!». Що коли цей стан хвали не лише закриє уста ворогові, а й виявить Божу могутність у твоєму житті?

Мені згадався приклад, який наводив Дерек Принс в одній зі своїх проповідей. Якось до нього додому прийшли чоловік і дружина. Чоловік потребував звільнення. Коли почалося поклоніння, чоловік не міг там перебувати. Його почало нудити, трясти й викручувати; він побіг до виходу, щоб покинути дім. Коли він уже був у дверях, до нього підійшов Дерек Принс і сказав: «Якщо ти вийдеш із цієї хвали, то ворог (демон), який мучить тебе, залишиться в тобі. Але якщо ти докладеш зусиль і залишишся в цій хвалі, тоді цей демон не витримає і покине тебе». Чоловік вирішив залишитися, і під час хвали Бог повністю звільнив його.

Починай практикувати хвалу в своєму житті. Чим більше твоє пізнання й одкровення про те, який Бог, тим більшою буде сила твоєї хвали. Сила хвали – це голос одкровення про те, ким є Бог! Одкровення природньо буде народжувати хвалу, і ти не зможеш не захоплюватися Богом!

Не знаєш, з чого почати? Зосередь усю увагу на тому, який Бог. Твоя хвала має бути голоснішою за твої внутрішні сумніви, думки та інші голоси, тому не шепочи. Не зважаючи на людей, піднеси голос і вихваляй Бога! Почни виражати Йому свою любов. Цитуй тексти Писання, які говорять про Його владу, панування та велич. Просто почни Йому поклонятися:

«Господи! Ти Пастир мій! Ти моє сподівання і мій захист! Ти мій Бог, мій Цілитель і Визволитель. Ти істина і життя. Ти хліб, що зійшов із небес. Ти Господь!»

А далі, коли вся твоя увага буде зосереджена на Ньому, підключай своє тіло! Якщо твої ноги створив Бог – нехай вони хвалять Господа. Якщо твої руки створив Бог – нехай вони славлять Господа. Якщо твої очі створив Бог, тоді під час поклоніння вони мають не дивитися навкруги, а спрямовуватися на велич Господа.

Багато віруючих так і не зрозуміли, чому танцював Давид. Танець – це також інструмент хвали. Танець – це найсильніший вираз влади. Написано: «Ось дав Я вам владу наступати на зміїв і скорпіонів і на всю ворожу силу...» А що, якщо, поклоняючись Богу в танці, ми пророчо наступатимемо на ворога і стверджуватимемо владу Господа, адже всі Його вороги покладені під Його ноги.

Мій танець – це хвала, спрямована до Того, Хто є моїм Господом, Спасителем, Визволителем і Цілителем. Тільки Він гідний хвали. Щоразу, коли я танцюю, я пророкую, тому я нізащо не віддам танець Люциферу. Господу Богові одному поклоняюся і Йому одному служу. Господу Богу!

Друзі, ви або залишитеся при своїй думці в сухій атмосфері, сповненій тиску, негативу, томління духу і людських постанов, або ви щось зміните – і тоді піде всяка боязкість, гординя, страх, метушня, людські думки і всі кривизни. Знаєте, що тоді прийде? Слава Господня.

Танці, прапори, оплески – це не просто прояв емоцій. Ні, це рівень одкровення про те, який Бог. У цьому задіяні не лише почуття, а й віра. Тільки зрозумійте мене правильно: я не змушую всіх награно стрибати, танцювати чи плескати. Я лише хочу сказати: не обмежуйте хвалу Богу тільки тому, що вас так навчили. Не обмежуйте хвалу кількома рухами чи кількома інструментами.

> *«Хваліте Його звуком трубним, славте Його на псалтирі й гуслах!*
>
> *Хваліте Його з тимпаном у хороводах, хваліте Його на струнах і сопілці!*
>
> *Прославляйте Його на дзвінких цимбалах, хваліте Його на гучних цимбалах!*
>
> *Все, що дихає, нехай славить Господа! Алілуя!»*
> *(Псалми 150:3–6)*

У когось в церкві є труби і орган. Алілуя! Не засуджуйте їх, якщо вони щиро славлять Бога! Не засуджуйте того, хто славить Бога не так, як ви. Нехай труби, барабани, гусла – всі інструменти хвалять Господа. Суть не в інструментах і не у формах. Якщо ти дихаєш – використовуй усе, що створив Бог, бо написано: «Все, що дихає, нехай славить Господа! Алілуя!» Хвали Його! Слав Його! Нехай Його дім наповниться славою!

Нещодавно я заїхав до кав'ярні «Старбакс» і зіштовхнувся там із знайомими молодими хлопцями, які мали гітару. «Що ви тут робите з гітарою?» – запитую їх. Вони в один голос відповідають: «А ми поклоняємося Богу!» І я подумав: «Боже мій, ніхто не зможе зупинити те, що Дух Божий відроджує та відновлює по всьому лицю землі!»

Мені доводиться багато їздити різними країнами, і всюди я стаю свідком того, як молоді люди, яких ніхто не просить, ніхто не змушує і ніхто не контролює, збираються разом і просто славлять Бога. Хтось цьому противиться і намагається все закрити й усіх розігнати, але цей рух ще сильніше поширюється по домах, у кафе, на вулицях, у парках і на площах. Це одкровення про те, Хто наш Бог! Хвала Йому буде невпинно звучати по всій землі, і земля наповниться пізнанням слави Господньої (див.: Аввакума 2:14). Алілуя!

Завдання:

З чим ти борешся? Подивися на своє життя і визнач, хто твій ворог. (Ще раз наголошую: це не люди і не організації!) Що ворогує проти Божого задуму у твоєму житті? Запиши це і прийми рішення, що голос твоєї хвали Богу буде сильнішим за голос твого ворога. І я вірю, що через деякий час у цій сфері ти справді побачиш перемогу.

____

____

____

____

____

____

Практика:

Наступні 15 хвилин проведи в молитві мовами і потім 15 хвилин просто очікуй в тиші і спокої. Прислухайся до Його голосу, до того «що скаже Він всередині тебе».

____

____

____

День 7

Озброєння

Ефесян 6:10–17

1 Нарешті, зміцнюйтеся Господом та могутністю Його сили.

2 Зодягніться у всю Божу зброю, щоб ви могли протистати підступності диявола.

3 Адже наша боротьба не з тілом і кров'ю, але з началами, з владами, зі світовими правителями темряви цього [віку], з піднебесними духами злоби.

4 Тому візьміть усю Божу зброю, щоб ви змогли дати опір у день зла і, все подолавши, вистояти.

5 Отже, стійте, підпережіться істиною, зодягніться в броню праведності,

6 взуйтеся в готовність благовістити мир.

7 Понад усе візьміть щит віри, яким зможете погасити всі вогненні стріли лукавого;

8 візьміть шолом спасіння і духовний меч, яким є Боже Слово.

П САЛОМ 90 – ЦЕ МОДЕЛЬ панування Бога. Наприкінці цього псалма говориться: «*...бо він сповідує Моє ім'я...*» Іншими словами, Бог говорить: «Я всіма обітницями покрию його, тому що він знає ім'я Моє». *Яке ім'я?* Господь. Це ключовий момент! Просто вдумайтеся: пізнання Його імені – Господь – вивільняє Його панування і спонукає Бога відповідати на наші молитви заради Себе та Свого імені.

У Посланні до Ефесян, у 6:10, апостол Павло пише: «*Нарешті, зміцнюйтеся Господом та могутністю Його сили*». Як же зміцнюватися Господом? Через пізнання Бога. Чим глибше ти пізнаєш Його як Господа, тим більше укріплюєшся Його пануванням і тим більша сила вивільняється через тебе. Божа сила вивільняється через Його панування, а панування пов'язане з пізнанням Його Імені. Отже, і Псалом 90, і Послання до Ефесян скеровують нашу увагу на пізнання Господа і роблять акцент на Його пануванні.

«*Нарешті, зміцнюйтеся Господом та могутністю Його сили*» – це ключова фраза. Все, про що Павло пише далі, пов'язано саме з тим, як зміцнюватися Господом через пізнання Його.

«*Зодягніться у всю Божу зброю*». Багато віруючих, не розуміючи, що це алегорія, намагаються буквально застосовувати ці вірші з Писання, проголошуючи: «Я надягаю на себе броню праведності та шолом спасіння, беру щит віри...». Але це не має нічого спільного з тим, про що пише Павло! Ні, апостол закликає нас зодягнутися в пізнання Самого Господа і в одкровення про те, ким ми є в Ньому.

1. *Отже, стійте, підпережіться істиною* – це наше положення у Христі. Ісус і є Істина, і твоя позиція – перебувати в Ньому. Іншими словами, ти, як син, повинен стояти в Його праведності, владі та призначенні, адже ти вже виправданий, викуплений, відновлений, і Бог бореться за тебе, а не проти. Підпережися істиною, що Він – твій Батько, а ти – Його син, і стій твердо в ній.

2. *І зодягніться в броню праведності*. Це означає одягнутися в праведність Ісуса. І кожного разу, коли вороги (чи то біси, хвороби чи проблеми) торкаються тебе, перше, на що вони наштовхуються, – це твоя броня. Так–так, вони торкаються не тебе, а Того, у Кого ти зодягнений. Ось чому ніщо не може зашкодити тобі. Броня праведності – це пізнання своєї позиції в Ісусі. І чим глибше пізнання, тим товща броня. Ця броня захищає тебе не тому, що ти щоранку кажеш: «Я надягаю броню», а тому, що *ти пізнав Його ім'я – Господь*.

3. *І взуйтеся в готовність благовістити мир*. Тут йдеться про призначення. Коли ти стоїш у істині й одягнений у броню праведності, ти захищений, тому далі зосередь свою увагу на тому, щоб виконувати своє призначення як син. Іншими словами, де б ти не знаходився і який би період життя не проходив, ти

повинен завжди бути готовим благовістити. Ти посланець від Його імені. Посланець – це спосіб життя, це не просто поїздка на місію. Ти взуваєш ноги в готовність благовістити, і це стає твоєю зброєю, тому що таким чином ти завдаєш удару по царству темряви.

4. *Понад усе візьміть щит віри, яким зможете погасити всі вогненні стріли лукавого.* Це такий рівень пізнання Бога, коли в тобі діє Його віра. Вся зброя взаємопов'язана – її важко розділити, вона діє в сукупності. Щит відбиває, шолом захищає тощо.

5. *І візьміть шолом спасіння.* Шолом спасіння пов'язаний із оновленням розуму. Оновлений розум – це захищений розум, у якому діє Божа віра. Стріли лукавого – це думки, запущені в твій розум, брехня, що атакує твоє мислення. Тому щит віри та шолом спасіння діють разом: вони не дають стрілам брехні вразити твої розум і серце. Через пізнання Господа та оновлене мислення ти захищений, і стріли не можуть нашкодити тобі.

6. *І духовний меч, яким є Боже Слово.* Слово Боже – це зброя влади. Воно має бути всередині тебе, в образі твоїх думок – не як мертва буква, а як дух і життя. Тоді ти не просто цитуватимеш букву. Тоді Слово в твоїх устах матиме силу, і ти цим словом завдаватимеш ворогові однієї поразки за іншою. Хочу підкреслити, що дияволові легко тебе обдурити, якщо всередині тебе немає Слова. Але коли Боже Слово

живе всередині тебе, тоді ти береш його, як меч, і з владою атакуєш ворога.

Отже, кожний елемент всеозброєння пов'язаний із певною сферою духовного пізнання:

Станьте, підпережіться істиною – це позиція в Ісусі, позиція відновленого синівства.

Броня праведності – пізнання праведності Христа, коли ми зодягаємося в Ісуса.

Взуття благовістя – це готовність завжди і всюди благовістити й цим руйнувати царство пітьми.

Щит віри – це рівень віри через пізнання Господа.

Шолом спасіння – це оновлений розум, який не дає стрілам лукавого спотворити твоє мислення.

Меч духовний – це живе Слово Боже, яким ти атакуєш і завдаєш поразки ворогу.

Як бачите, всеозброєння пов'язане з пізнанням, а не просто з проголошенням.

Коли я був молодіжним пастором, одного разу, о першій годині ночі, мене розбудив телефонний дзвінок. Батьки однієї дівчини почали благати мене: «Пасторе Андрію, будь ласка, приїжджай помолитися за нашу доньку – вона біснується!»

Вони були налякані й пояснили, що не знають точно, що сталося, але їхня донька останнім часом сильно захопилася рок-групою «Металіка», демонічною музикою та всім, що з цим пов'язано. Тоді дівчина справді біснувалася, і її віруючі батьки нічого не могли зробити. Я спросоння відповів: «Добре, я зараз швидко зв'яжуся з пастором і ще з деякими братами, і ми разом приїдемо».

Однак, коли я почав телефонувати пастору та іншим лідерам, ніхто не брав трубку, вони спали. Я замислився: «Що ж мені робити?» Раптово всередині мене ясно прозвучали вірші з 6-го розділу Послання до Ефесян. Я почав подумки цитувати ці рядки і відразу відчув присутність Бога та почув усередині себе Його голос: «Ти захищений. Тобі немає чого боятися. Твій меч – не пастир і не твої друзі, а Моє слово. Я з тобою, в тебе є влада – піди і послужи!»

Отже, я вирішив їхати туди сам. Ця родина жила недалеко, тому я дістався до них швидко. Підходжу до дому, а всередині мене Дух Святий говорить: «Дій як син Божий – з позиції влади та істини, в якій ти ходиш. Не входь у страху, не крадися, йди як син. Ти Мій посланець, у тебе є влада наступати на всяку силу ворожу, і ніщо не зашкодить тобі. Моє Слово – меч у твоїх устах, сміливо вражай ним ворога!»

Заходжу в дім. Ця дівчина стоїть рачки на підлозі. Почувши мої кроки, вона піднімає голову і дивиться на мене. Через її уста починає гарчати біс:

– Що тобі від мене треба? Навіщо ти сюди прийшов? – я розумів, що це говорила не вона. Демон, який був у ній, одразу зрозумів, хто прийшов.

– Я прийшов проголосити над нею Слово Боже і вигнати тебе. Ти більше не маєш влади і вийдеш із неї.

Я почав підходити ближче, але вона різко підскочила і стрибнула в інший бік, вихопивши при цьому Біблію з моїх рук.

Після цього (я нічого подібного в житті не бачив!) вона відкрила мою Біблію і почала швидко гортати сторінки – раз-раз-раз-раз! – і раптом спробувала вирвати один із аркушів. Такого нахабства я не очікував! Я вихопив свою Біблію з її рук, але вона таки встигла вирвати аркуш і кинути його на підлогу. Тієї ж миті я почав проголошувати над нею Слово Боже і наказувати всім нечистим духам забиратися геть. Не описуватиму подробиць, але тієї ночі дівчина отримала звільнення. Після молитви я взяв свою Біблію і подумав: «Цікаво, що саме вона вирвала?». Коли я підняв той вирваний аркуш, то побачив, що це був 6-й розділ Послання до Ефесян. Вона знайшла і вирвала саме розділ про всеозброєння – до того ж зробила це з неймовірною швидкістю. Звичайно, таке міг зробити лише демон, який перебував у ній.

Повернувшись додому, я почав розмірковувати, що ж у цьому розділі є такого, чого ми не знаємо, але чого так сильно боїться сатана. Я вирішив глибше вникнути в

Послання до Ефесян і провів чимало місяців у дослідженні та роздумах, чим тепер і ділюся з вами. Я зрозумів, що багато служителів роблять акцент на окремих фразах із 6-го розділу, але не розглядають всю концепцію послання, де ключовою фразою є: *«Нарешті, зміцнюйтеся Господом та могутністю Його сили».*

Ось чому так важливо перебувати в Божій присутності й пізнавати Його як Господа. Його сила діє в тій сфері твого життя, де ти маєш пізнання.

Коли я перебуваю в позиції сина – Його сила діє.

Коли я в броні праведності – Його сила діє.

Коли я готовий благовістити мир – Його сила діє.

Коли я ходжу у вірі – Його сила діє.

Коли на мені шолом спасіння – Його сила діє.

Коли я вивільняю Його Слово – Його сила діє.

Завдання:

Випиши та вивчи Послання до Ефесян 6:10–17. Нехай твоя увага буде не на алегорії, а на суті, яку відкриває апостол Павло: «Зміцнюйтеся Господом та могутністю Його сили».

Практика:

Наступні 15 хвилин проведи в молитві мовами і потім 15 хвилин просто очікуй в тиші та спокої. Прислухайся до Його голосу, до того, «що скаже Він всередині тебе».

День 8

Сім Божих духів

Ісаї 61:1–4

1 Дух Мого Владики Господа на Мені, тому що Господь Мене помазав, аби благовістити убогим, – послав Мене лікувати розбитих серцем, звіщати полоненим визволення і в'язням – відчинення темниць.

2 Проголосити рік Господнього благовоління і день відплати нашого Бога, потішати всіх засмучених, –

3 дати тим, котрі плачуть на Сіоні, замість попелу, вінець слави, єлей радості замість плачу, і одяг слави замість пригніченого духу. І зватимуть їх дубами праведності, – Господніми саджанцями слави.

4 І забудують віковічні пустелі, відбудують давні руїни, відновлять спустошені міста, зруйновані протягом багатьох поколінь.

Ісаї 11:2–3

2 І спочине на Ньому Господній Дух, – дух мудрості й розуму, дух поради і сили, дух знання і Господнього страху.

3 Він сповниться Господнім страхом. Не за поглядом Своїх очей судитиме, і не за слухом Своїх вух вирішуватиме справи

Я ХОЧУ ПОКАЗАТИ ВАМ, ЯК БОГ мислить, діє та керує. В Об'явленні 4:5 написано:

«І від престолу виходять блискавки, і шуми, і громи. Сім же світильників, що горять перед престолом, – то сім Божих духів». Світильник – це те, що дає світло й освітлює все навколо. Перед престолом Господа горять сім світильників – сім духів Божих: дух мудрості й розуму, дух поради і сили, дух знання і Господнього страху – якими керує Сам Бог. Такий образ Його думок. Іншими словами, у Його мисленні присутні всі сім духів Божих.

Пророк Ісая, сповіщаючи про прихід Христа на землю, свідчить про те, що на Ісусі спочиватиме Дух Господній і сім духів Божих. Іншими словами, Ісус перебуватиме під повним пануванням Бога та Його способу мислення:

«І спочине на Ньому Господній Дух, дух мудрості й розуму, дух поради і сили, дух знання і Господнього страху. Він сповниться Господнім страхом. Не за поглядом Своїх очей судитиме і не за слухом Своїх вух вирішуватиме справи» (Ісаї 11:2–3).

Дух мудрості й розуму, поради і сили, знання і благочестя, і Господній страх приносять тобі згори світло та розуміння, пораду та силу, мудрість та знання, страх Божий – і ти починаєш бачити все так, як бачить Сам Бог. Важливо зрозуміти, що ці сім духів Божих діють у житті людини лише тоді, коли вона перебуває під повним пануванням Бога. Вони не діють поза пануванням Бога – вони активуються тоді, коли Дух Господа Бога на тобі. Це знову повертає нас до питання панування Бога у нашому житті.

Я дуже часто проголошую цей уривок із Писання над своїм життям, і, можливо, багато хто з вас це чув. Коли ці духи спочивають на тобі, ти вже не судиш за поглядом своїх очей і не вирішуєш справи за слухом своїх вух, і тобі вже не потрібно, щоб хтось засвідчив про людину, бо ти сам знаєш, що в людині, завдяки знанню, яке приходить від Духа. Саме так діяв Ісус. Він – модель для нас, тому ми маємо ревнувати про те саме. У Біблії сказано, що для того, щоб мати розум Христа і пізнавати, що є воля Божа, нам потрібно постійно оновлюватися духом розуму.

Коли Дух Господній на тобі, ти отримуєш розуміння та знання згори. Наприклад, у мене це відбувається дуже часто, коли під час проповіді я віддаю себе веденню Святого Духа, я починаю зсередини черпати одкровення, яких немає в моїх записах. До мене приходять думки, що відкривають Божу премудрість. У такі моменти починає діяти Божий дух премудрості й розуму, і ти починаєш говорити зі сфери духу.

Коли Дух Господній на тобі, ти здатний зрозуміти те, що недосяжне для плотського розуму. Ти починаєш бачити те, що неможливо побачити фізичними очима. У тобі діють Божі поради та ведення. У будь-якій ситуації, чинячи згідно з Божим образом думок, ти даєш можливість Духу Святому робити Свою роботу. Я не раз переживав подібне у своєму житті!

Одного разу (це було давно) я робив тур містами України. Останнє служіння мало відбуватися в суботу вранці в одній із месіанських громад у Донецьку. Дорогою туди ми вирішили зупинитися на заправці, щоб поснідати. (В Україні є німецькі заправки, на яких готують дуже смачні сніданки.)

Отже, ми замовили яєчню зі стейками і, поки нам її готували, взяли каву та сіли за столик. У цей час у кафе зайшов натовп хлопців – виглядали вони, як банда з лихих 90-х. Їх було чоловік дванадцять – усі міцні «качки». Ці хлопці, певно, гуляли всю ніч і поверталися з якогось клубу. Вони були трохи скуйовджені і, видно, вже з кимось побилися – словом, справжні «дев'яності».

Серед них був хлопець, який колись був віруючим, але пішов у світ – один із наших пасторів упізнав його. Як з'ясувалося, у нього був день народження, і ця компанія прийшла на заправку, щоб зранку це відзначити. Вони замовили собі шампанське та горішки (мабуть, грошей на більше не було!) і сіли поряд з нами. Ці хлопці були втомлені, але досить збуджені, і в них вистачило б сил «ще комусь морду набити».

Ми їх не чіпали, але вони стали до нас чіплятися і грубо підколювати так, що ми не знали, як реагувати.

Було таке відчуття, що сам сатана знущався з нас через цих хлопців!

Пастор, який знав іменинника, вирішив поговорити з ним. Але почав він з того, що став звинувачувати його в тому, що той відійшов від Бога, як свиня повертається у свій бруд, а пес – до своєї блювотини. Я дивлюся – а ці хлопці вже закипають, і атмосфера починає загострюватися.

Цей служитель висловив усе тому хлопцю і вийшов надвір. А ми сидимо й розуміємо, що за його слова доведеться відповідати нам. За мить до нас долинули уривки фраз про те, що починається бійка. Ми нічого не відповідали на їхні наїзди і мовчки дивилися у свої чашки з кавою, хоча чудово розуміли, що це якась підстава.

Сили були нерівні: лише кілька братів проти десятка кремезних хлопців. Обхопивши голову руками, я схилився над столом: «Боже, що нам робити? Вони сто відсотків полізуть у бійку, і сто відсотків, що нас поб'ють, адже вони накачані й видно, що не один день цим займаються». Раптом я підняв голову і побачив, як той пастор заходить назад і демонстративно крокує до знайомого йому хлопця. З його вигляду легко було здогадатися, що зараз буде раунд номер два і що він приготував цілу промову. «Нам кінець! – подумав я. – Зараз усе почнеться...» І тут бачу, що нам несуть яєчню зі стейками. Раптом мене осяяла думка: «Візьми ці стейки і пригости хлопців, адже вони святкують день народження!»

Не втрачаючи жодної секунди, я перехопив у офіціанта тацю і, поки пастор ще не встиг відкрити рота, швидко сказав: «Хлопці, у вас сьогодні день народження, ви тут святкуєте. Дозвольте щиро пригостити вас їжею. Ми поспішаємо на служіння і вже не встигаємо поїсти. Чи можна пригостити вас?»

Вони всі різко схопилися з місць. Повисла пауза… Вони розгубилися, розуміючи, що грубо наїжджали на нас, а ми відповіли їм добром. Такого вони ще не бачили!

У той момент атмосфера миттєво змінилася.

– Ну, так… Дякуємо, добре… – промимрили вони.

Ми віддали їм стейки:

– З днем народження! Вітаємо! Благословляємо вас!

І я тихенько кажу своїм:

– Брати, під шумок йдемо. Все, наїлися. Йдемо!

У той момент в атмосфері відчувалося Богоявлення – були явлені Божа мудрість, порада та сила, що розрядили обстановку. Це було потужно та повчально! Ми попрямували до виходу, а вони так і стояли з тацями, проводжаючи нас здивованими поглядами.

Ми сіли в автобус і з полегшенням видихнули. І тут пастор заявляє:

– А я йшов ще раз все йому виказати, але не встиг!

Ми мовчки переглянулися, а потім запитали:

– Хіба ти не розумієш, що вони хотіли нас «реально віддубасити», але Бог не допустив цього?!

У тій ситуації я побачив, як діє дух поради, в якому проявляється Божа сила. Ми точно не вибралися б без бійки, якби спробували вирішити все людським розумом. У тій ситуації реально був один вихід – «мордобій», і тоді ми приїхали б проповідувати Євангелію з синцями та саднами!

Але Бог не дозволив цьому статися! Знаєте, чому? Коли ти слідуєш пораді Духа Божого, починає проявлятися Його міць, сила і Богоявлення... Ті хлопці стояли перед величчю Бога, самі того не розуміючи!

Запам'ятай: якщо твоє життя перебуває під Божим пануванням, у тобі починає діяти мислення Самого Бога – Він дає тобі розуміння, що, як і коли робити. А тобі залишається лише захоплюватися Його могутністю та величчю! Ти приходиш у трепет від усвідомлення того, яким є Бог. Почни вникати в це і приймати це у своє життя!

Одного разу Бог сказав мені: «Якщо ти будеш ревнувати про це і віддаси все своє мислення під Моє панування, ти зможеш діяти так, як Ісус на землі: ти зможеш бачити невидиме, ти будеш освічений, ти будеш розпізнавати час, сезони, Божі бажання, Його волю...» Не знаю, як вас, але мене це справді захоплює!

Завдання:

Не просіть у молитві: «Бог, дай мені це!» Бог уже послав Свого Духа на цю землю, тому починайте приймати це і устами стверджувати Його панування в своєму житті:

Я приймаю Дух Господній, дух премудрості і розуму, дух поради і сили, дух ведення і благочестя, і страх Господній, і я не судитиму за поглядом своїх очей і не вирішуватиму справи зі слуху своїх вух.

Дух Господа Бога на мені, бо Господь помазав мене благовістити убогим, послав мене лікувати розбитих серцем, звіщати полоненим визволення і в'язням – відчинення темниць. Проголосити рік Господнього благовоління і день відплати нашого Бога, потішати всіх засмучених, – дати тим, котрі плачуть на Сіоні, замість попелу, вінець слави, єлей радості замість плачу, і одяг слави замість пригніченого духу. І зватимуть їх дубами праведності, – Господніми саджанцями слави.

Дух Святий, я повністю Твій! Веди мене, навчай мене. Захопи все моє життя – я приймаю Твоє панування.

Приймайте і стверджуйте щодня Боже панування – і ви побачите, як воно почне проростати й діяти у вашому житті.

____

____

____

____

____

____

____

____

Практика:

Наступні 15 хвилин проведи в молитві мовами, а потім 15 хвилин просто очікуй у тиші та спокої. Прислухайся до Його голосу, до того, «що скаже Він всередині тебе».

____

____

День 9

Борися за спрагу!

Псалом 62 (63)

Псалом Давида, коли він перебував у Юдейській пустелі.

² Боже, Ти мій Бог, Тебе я пильно шукаю. Тебе прагне моя душа, за Тобою нудьгує тіло моє в землі пустинній, спраглій і безводній.

³ Я так виглядав Тебе у Святині, щоби побачити Твою силу і Твою славу!

⁴ Адже Твоя милість краща за життя. Мої уста Тебе величатимуть.

⁵ Тож буду прославляти Тебе поки житиму; в Ім'я Твоє підноситиму свої руки.

⁶ Хай наповниться моя душа немовби жиром та ситою їжею, а мої уста радісними вигуками висловлюватимуть хвалу Тобі.

⁷ Я згадую про Тебе на своїй постелі, – в нічні години роздумую про Тебе.

⁸ Адже Ти прийшов мені на допомогу, і я радітиму в тіні Твоїх крил.

⁹ Моя душа приліпилася до Тебе, – мене підтримує Твоя правиця.

¹⁰ Ті ж, котрі лише шукають, аби погубити мою душу, зійдуть у підземні безодні.

[11] Вони будуть віддані під владу меча, стануть поживою шакалів.

[12] Але цар радітиме в Бозі, – буде пишатися кожен, хто Ним присягається, тому що уста неправдомовців будуть закриті.

ІДРАЗУ ПІСЛЯ ПОКАЯННЯ Я ПРИЙНЯВ рішення, що не буду жити поверхневим християнством, але буду шукати Самого Бога і робити все, щоб знати Його особисто. З того часу я присвятив усе своє життя тому, щоб зростати в Богові, піднімаючись з рівня на рівень, і робити все, щоб Бог міг вести мене в моє призначення. Я тоді не знав, наскільки це буде непросто! Після народження згори ти шукаєш Бога не тому, що тебе хтось змушує, а тому, що ти прагнеш богопізнання. Жага за Богом спонукає тебе молитися, читати Слово, бути на кожному служінні. Твої відносини з Богом починають вибудовуватися, тому що є спрага. Багато хто називає це першою любов'ю.

Спочатку спрага сама підштовхує тебе, але щоб рухатися в пізнанні Бога далі, потрібна також дисципліна. Тому тобі доведеться працювати над дисципліною. А коли ти виробляєш дисципліну, потрібно стежити за тим, щоб не втратити спрагу. Я знаю це з власного досвіду. Справа в тому, що є дуже відповідальні та дисципліновані християни, які ходять на всі служіння, молитви, допомагають у церкві, знають Писання, але втратили спрагу за Богом – залишилася лише залізна дисципліна, яка створює видимість «духовного християнина».

Тому я хочу знову закликати вас: коли ви виробили дисципліну, не зупиняйтеся – боріться далі за спрагу.

Як?

У Псалмі 62:2–3 Давид волає:

«Боже, Ти мій Бог, Тебе я пильно шукаю. Тебе прагне моя душа, за Тобою нудьгує тіло моє в землі пустинній, спраглій і безводній. Я так виглядав Тебе у Святині, щоби побачити Твою силу і Твою славу!»

Якось я задумався: «Звідки в нього таке бажання? Звідки така дисципліна? Давиде, що тебе надихало від ранньої зорі шукати Бога? Що це за бажання, яке сильніше за потребу виспатися? Що це за сила, яка перемагає тіло і змушує себе дисциплінувати?» Це жага за Самим Богом!

Далі, в сьомому вірші Давид пише:

«Я згадую про Тебе на своїй постелі, – в нічні години роздумую про Тебе...»

Зачекайте, де згадує? Так, він на постелі розмірковує про Бога. Це не молитва – це наповнені Богом думки після молитви.

Я знаю цей стан, коли ти прокидаєшся і говориш: «Ісус, щиро Тобі кажу: я Тебе люблю...»

Я знаю цей стан, коли ти не можеш заснути, тому що розмірковуєш про Божу велич і славу.

Я знаю цей стан, коли ти не можеш заснути, тому що ти думаєш про Боже Слово і Його одкровення.

Я знаю цей стан, коли ти прокидаєшся з піснею хвали на устах.

Я знаю цей стан, коли ти не спиш цілодобово, тому що дух у тобі молиться і ти не хочеш зупиняти цю молитву.

І я також пам'ятаю інший стан – коли ти не хочеш вставати вранці, тому що перше, про що ти думаєш, – де взяти гроші. Я знаю стан, коли ти не можеш заснути, тому що «варишся» в проблемах, страху та томлінні.

Давид говорить: *«Згадую про Тебе на своїй постелі»*. Чому? Не тому, що його спонукали до цього проблеми, а тому, що його душа нудилася за Богом!

Як визначити, чи є у тебе спрага до Бога чи ні? Просто перевір, про що ти розмірковуєш, коли засинаєш і коли прокидаєшся. Чи спрямовані твої думки на Бога? Якщо ти читаєш Біблію і молишся, але крім цього не думаєш про Нього, значить, у тебе є дисципліна, а спраги немає.

Ви не замислювалися, звідки у Давида була така спрага?

Дев'ятий вірш дає нам відповідь: «*...Моя душа приліпилася до Тебе...*»

Ось воно що! *А чи приліпилася твоя душа до Бога?* Я часто ставлю собі це запитання. Як зрозуміти, приліпилася душа чи ні? Одного разу Бог пояснив мені це на прикладі мого ставлення до дружини. Коли Наталя була моєю нареченою, моя душа приліпилася до неї. Знаєте, що після цього стало відбуватися? Я почав прагнути спілкування з нею, шукав із нею зустрічі, хотів бачити її, проводити з нею час. Цю спрагу неможливо було пояснити! Цю спрагу неможливо було зупинити!

Прокидаючись вранці, я думав про неї. Лягаючи спати ввечері, я думав про неї. У мене не було безсоння – у мене були нічні сторожі, тому що моя душа приліпилася до неї. І це змушувало мене недосипати та недоїдати; я був готовий вставати рано і лягати пізно. Ця спрага спонукала мене до дій, яких я ніколи б не зробив, якби душа не приліпилася. Я б нікому не дарував стільки квітів, не відчиняв би дверей, не купував би подарунків! Це було як пальне в моїй душі, яке піднімало та несло мене на подвиги! Газу до відмови, швидкості всі одразу!

Коли я вперше побачив Наталю, вся моя увага була спрямована на неї. Я навіть «зачепив» її тим, що залицявся до неї, не ігноруючи навіть незначних деталей. Мої звички стали іншими, я став змінюватись заради Наталі, бо покохав її.

Нам важко змінити самих себе, але коли душа приліплюється до Бога, ми не можемо не змінюватися заради цієї Особи. Я зрозумів, що потрібно шукати не зміни, а Бога. Душа має приліпитися до Господа – Його любов нас змінює!

Я часто себе перевіряю. Чи думаю я про Нього? Чи розмірковую я про Нього? Чи наповнена Ним моя душа? Чи засинаю я з думками про Його Слово? Чи залишився я

так само приліпленим до Нього, як двадцять років тому?
Я перевіряю своє серце.

> *А що, якщо ти втратив спрагу? Як
> повернути її?*

В Об'явленні 2:4–5 написано:

> *«Але Я маю проти тебе те, що ти залишив
> свою першу любов. Тому згадай, звідки ти
> впав, покайся і роби попередні діла…»*

Бог мені сказав: «Згадай, що ти робив заради своєї
нареченої. Згадай, на які подвиги тебе штовхала спрага.
Згадай усе в деталях і почни робити попередні діла».

Перше – це згадати! Згадай в деталях, що ти робив
заради Господа: як ти шукав Його раніше, як біг у таємну
кімнату, як ти був захоплений Ісусом, молився, говорив
людям про Бога, як шукав можливість комусь послу-
жити… Причиною цього була твоя спрага за Богом і те,
що твоя душа приліпилася до Нього. Якщо ти втратив
першу любов, то не тому, що Бог забрав її у тебе, а тому,
що ти не культивував її – інші пріоритети загасили спрагу
всередині тебе.

Друге – покаятися та повернутися до попередніх діл.
Зверніть увагу на те, що Бог не сказав: «Повернися до
першої любові». Він сказав: «Повернися до попередніх
діл». Питання не в тому, що ти робиш для Нього зараз,
а в тому, чи робиш ти попередні діла? Перша любов

спонукала тебе робити щось **ЗАРАДИ Нього**, а не просто **для Нього**. У цьому різниця!

Ось до тих попередніх справ, які виходили зі спраги, Святий Дух закликає повернутися. Перша любов не пішла сама – ти її залишив. Згадай стан першої любові та справи, які ти робив заради Нього. Почни робити їх знову – і тоді повернуться спрага та перша любов!

Що робити, якщо ти залишив першу любов:

7.   Згадай у деталях цей стан і будь чесним із самим собою.

8.   Визнай, що ти залишив першу любов, і покайся в цьому.

9.   Повернися до попередніх діл, які ти робив заради Господа – це пробудить у тобі спрагу і першу любов.

Дорогий друже, борися за спрагу! Спрага завжди приведе тебе до того, що ти бачитимеш Його силу і славу. Коли ти справді чогось хочеш, ти знайдеш можливість це отримати. Якщо ж ти НЕ хочеш, ти знайдеш тисячу виправдань. Я знаю одне: спраглі люди підуть у пізнанні Бога набагато глибше і далі, ніж інші. Вони не топтатимуться на місці, а переходитимуть з одного рівня слави на інший.

Завдання:

Давайте в цьому стані зупинимося і реально дозволимо Духу Святому поговорити з нами, з нашими серцями.

____

____

____

____

____

____

____

Практика:

Наступні 15 хвилин проведи в молитві мовами, а потім 15 хвилин просто очікуй у тиші та спокої. Прислухайся до Його голосу, до того, «що скаже Він всередині тебе».

____

____

Залишай служіння, щоб продовжувати виконувати волю Отця

Луки 5:15–16:

[15] Однак чутка про Нього розійшлася далеко, і сходилося багато людей, щоби послухати й оздоровитися [в Нього] від своїх недуг.

[16] А Він відходив у пустинні місця і молився.

ЗАПАМ'ЯТАЙТЕ ЦЕЙ УРИВОК – ВІН дуже важливий! Я абсолютно впевнений, що ті з вас, хто серйозно прийме все, що я писав у книзі «Не від цього світу», і почне практикувати все, чим я ділюся в цьому посібнику, побачать зміни у своєму житті. Плоди ваших близьких стосунків із Богом будуть очевидними. Ви дивуватиметеся, бачачи, як Бог через вас зцілює і звільняє людей, дає вам сміливість, віру, бачення, мудрість, здатність бачити далі та творити Його волю.

Ви навіть не помітите, як своєю жагою та близькістю з Богом почнете запалювати інших, змінювати атмосферу навколо себе, нести пахощі неба, життя і надію оточуючим. Ви даватимете поради – і бачитимете результати, будете молитися – і бачити сприяння неба. До вас приходитимуть люди і говоритимуть, що ваше життя вплинуло на них, що ваша спрага надихнула їх. І раптом свідчення про те, що з вами Бог, почнуть поширюватися всюди. Прийде успіх у служінні, прийде процвітання! Поголос почне слідувати за вами, і так важливо, щоб він не випередив вас і щоб ви не повернулися спиною до Господа та обличчям до свого успіху!

Наприкінці посібника я хочу звернутися до кожного, хто почав практикувати ці уроки та вже бачить плоди. Ви побачите їх ще більше. І, можливо, цей останній урок ви зрозумієте лише пізніше, але я хочу порадити вам: відокремте хоча б один день на місяць, щоб повністю присвятити його Господу. Хоча б один, але щомісяця!

Вже зараз позначте цей день у своєму календарі як найважливіший день у місяці.

Наступне: знайдіть місце за межами вашого дому та міста для усамітнення з Богом. Чому поза домом і містом? Вам потрібно від'єднати себе від усього звичного: від дому, сім'ї, служіння, бізнесу, обов'язків і навколишнього оточення. У місті ви все ще відчуваєте себе в системі, з усіма на зв'язку. Ваш дім і місто мають душевний зв'язок із вами і впливають на вас психологічно. Але є такий стан, коли на підсвідомому рівні ти розумієш: «Я не в місті». І можеш усім відповідати: «Вибач, я зараз не в місті...». Ти від'єднуєш себе емоційно, душевно, психологічно. Ти зупиняєш час і справи, щоб побути з Богом.

Почніть усамітнення з Богом з одного дня щомісяця, потім збільшіть цей час до двох або трьох днів. Я закликаю вас розширювати себе зсередини цією практикою усамітнення. Навчіться залишати своє служіння і йти в пустельні місця заради одного – щоб усю увагу зосередити на Отцеві та Його волі, а не на успіху, плодах чи розвитку служіння! Надайте себе Богові, щоб Він міг мати з вами справу. Тікайте від служіння, щоб потім до нього повернутися і продовжити його. Точніше – продовжити не служіння, а виконання Божої волі через служіння.

Служіння не повинно бути метою і плоди не повинні бути метою! Нехай вони не захоплять вашу увагу! Раз на місяць почніть усамітнюватися з Богом, щоб повністю надати себе Йому, перебувати в Слові, молитві та поклонінні. Почніть усамітнюватися з тим розумінням, яке дано в цьому посібнику та книзі. Вам не потрібно «винаходити колесо» – хтось перед вами вже пройшов цей шлях. Я поділився з вами найціннішим своїм досвідом, своїми помилками і перемогами, а також одкровенням про те, як усе діє у духовному світі.

Бог сьогодні закликає людей наблизитися до Нього. Він хоче повернути Собі служителів за серцем Своїм, які виконають усі Його бажання. Він нікого не змушує – Він запрошує. Якщо ти насправді хочеш наблизитися до Бога і виконати Його волю, візьми приклад з Ісуса, навчися в Нього. *Коли чутка про Нього все більше поширювалася і сходилося багато людей, щоб послухати й оздоровитися [в Нього] від своїх недуг, – Він відходив у пустинні місця і молився.*

Твоєю метою завжди має залишатися Сам Бог, а не служіння Йому. Тому йди, залишай усе, усамітнюйся і розширюй себе зсередини. Дай Богові можливість випробувати твоє серце, попрацювати з тобою, щоб у твоїй душі й у твоєму житті було більше місця для Нього. Нехай твоя душа назавжди залишиться приліпленою до Самого Бога!

Заради тебе Він віддав усього Себе. Це Він усиновив тебе і назвав Своїм сином. Це Він захотів, щоби ти народився. Це Він воскресив тебе. Це Він захотів мати близькі стосунки з тобою. Це Він помер за тебе, щоб викупити та відновити все, що було втрачено, щоб ти міг бути у Його присутності, Його природі, Його славі.

Дякую Тобі, Ісусе!!!